Guy Capelle   Françoise Grellet

C'est. facile à dire !

**RECUEIL D'EXERCICES
DE GRAMMAIRE
ET D'ACTES DE PAROLE**

Hatier FLE

Avant-Propos

Les exercices proposés dans ce recueil sont répartis en **deux sections**, **« Grammaire »** et **« Actes de Parole »**, mais sont répertoriés en **un seul Index** où on trouvera des références croisées (¹). Un même problème d'expression peut en effet être envisagé soit sous l'angle de la correction de la forme grammaticale, soit sous celui de la diversité des moyens d'expression possibles dans une situation donnée.

L'exemple le plus frappant est celui de la modalité qui ressortit sans aucun doute de la grammaire notionnelle, mais qui doit être également traité dans la partie « Actes de Parole », tant est grande la diversité de ses réalisations possibles en situation. C'est aussi le cas de la comparaison, de la condition, des ordres...

Les exercices se situent à des **niveaux de difficulté variables** signalés par des astérisques, le niveau le plus bas étant déjà un «niveau moyen». Ils sont de deux types :

- des **exercices auto-correctifs**, en général de niveau 1 (un seul astérisque) destinés à une remise en mémoire du problème grammatical ou des actes de parole le plus communément associés à telle ou telle situation de communication.

- des **exercices ouverts** sollicitant la créativité des élèves, à réaliser en groupes, ou collectivement, sous la conduite du professeur.

Les exercices se suffisent à eux-mêmes : ils peuvent être **utilisés indépendamment de tout texte ou matériel extérieur,** et donc servir de complément à toute méthode. On trouvera dans ce recueil tous les documents graphiques nécessaires à leur réalisation.

Le professeur pourra donc les utiliser pour :

● **« défricher » un texte** sans le déflorer. Certaines structures ou certains moyens d'expression pourront être enseignés ou remis en mémoire de façon tout à fait indépendante.

● **préparer la discussion** qui doit suivre l'étude d'un texte ou d'un document. On sait combien il est parfois difficile de lancer une discussion qui ne tourne pas à la simple paraphrase du texte. En fournissant préalablement les moyens d'expression d'idées ou de réactions personnelles (accord/désaccord, approbation/désapprobation, modalités...), on facilitera le démarrage des commentaires et on créera les conditions d'une discussion plus authentique.

● **exploiter et renforcer certains aspects de langue étudiés dans un texte.**

● **faciliter le rattrapage** d'élèves absents en prescrivant des exercices autocorrectifs.

Le recueil ne comporte **aucune « théorie » grammaticale explicite,** aucune présentation abstraite des points présentés. Il ne peut donc se substituer à une grammaire. C'est le professeur qui décidera de l'opportunité d'une présentation grammaticale et de la forme qu'il convient de lui donner.

© HATIER PARIS SEPTEMBRE 1982

ISBN - 2-218-07476-9

Cependant, le professeur peut vouloir guider ses élèves vers la réflexion, grammaticale ou pragmatique, à partir du corpus que constituent les énoncés proposés dans les exercices ou créés en classe. Afin d'orienter cette réflexion, plusieurs **exercices de conceptualisation** ont été inclus, de manière non systématique, mais en nombre suffisant pour amorcer une pratique le cas échéant. Dans le cas des phrases interrogatives par exemple on va même jusqu'à proposer une présentation des structures à partir de transformations, parce que ce type de présentation nous semble pédagogiquement efficace et qu'il permet une prise de conscience plus aisée de l'organisation et du fonctionnement de cet aspect du système.

Il va sans dire que le recueil est **loin d'être exhaustif.** Seuls les points les plus significatifs ont été traités, et on ne trouvera que fort peu de cas rares. A propos de chacun des points retenus bien d'autres exercices eussent été concevables, qu'il n'était pas possible d'inclure dans un recueil qui doit rester maniable. Nous nous sommes donc contentés de proposer un **large éventail de techniques et d'idées d'exercices et d'activités**, ce qui, nous l'espérons, facilitera la tâche de ceux qui désireront apporter le complément nécessaire à leurs besoins particuliers.

Enfin, le choix des auteurs a été de présenter un matériel renouvelé dans l'esprit et dans la forme afin de montrer

- qu'il n'y a **pas de solution de continuité**, sur le plan pédagogique, entre **exercices de grammaire et pratique des actes de parole,**

- qu'il est possible de **situationaliser** la plupart de ces exercices afin de préparer plus directement à la communication authentique,

- qu'on peut **« faire de la grammaire » de façon attrayante, stimulante et fonctionnelle.**

Nous espérons que ce recueil contribuera à stimuler dans les classes l'enseignement de la grammaire et permettra d'aborder avec confiance le domaine du notionnel et du fonctionnel.

Que les utilisateurs veuillent bien nous faire part de leur remarques afin de mieux nous mettre en mesure d'améliorer la qualité et l'efficacité de ce recueil.

Les auteurs

(1) **Voir pages 6 et 7**

Les auteurs tiennent ici à remercier tous les collègues qui ont bien voulu s'intéresser à la préparation de ce recueil et, tout particulièrement, Madame Jany Baudet, professeur au Centre International d'Etudes Pédagogiques de Sèvres qui a analysé et expérimenté ces exercices et nous a fait bénéficier de sa très riche expérience de l'enseignement du français langue étrangère.

Sommaire

Grammaire

La phrase simple

Le groupe du nom

Le groupe du verbe

Modes et temps

Les étoffements de la phrase simple

La phrase complexe

Actes de parole

Index

Les indications renvoient aux chapitres et aux numéros des exercices.

Grammaire

Phrases interrogatives

Gr 1/1
**
O—▬

Remplissez le tableau suivant:

Ils étaient cinq.	Ils étaient combien?	Combien étaient-ils? est-ce qu'ils étaient?	Cinq.
Elles sont rentrées en bus.			
Il roule à 100 km à l'heure.			
Ils viennent de Paris.			
Maryse attend depuis une heure.		Depuis quand est-ce que Maryse attend? Maryse attend-elle?	

Décrivez brièvement les trois étapes de la transformation d'une phrase déclarative en phrase interrogative.

1 . . . .

2 . . . .

3 . . . .

Posez les questions portant sur les membres de phrase soulignés.

Ex.: Ils sont arrivés hier. ⟶ Quand { sont-ils / est-ce qu'ils sont } arrivés?

1 Elles sont venues en voiture.

2 Les élections présidentielles ont eu lieu en 1881.

3 C'est un tableau de Corot.

4 L'essence vaut maintenant plus de quatre francs le litre.

5 Il a refusé de faire son service militaire.

6 Il travaille à la poste au mois d'août pour se faire de l'argent de poche.

7 Elle en a acheté trois.

8 Ils reviennent de Lyon.

9 Il est né le jour de Noël.

10 Les voleurs sont rentrés par le soupirail de la cave.

Gr 1/2

En rentrant chez vous, vous trouvez une note près du téléphone. Votre sœur a laissé un message pour vous. Malheureusement, elle a posé sa tasse de thé dessus et une partie du message est illisible. Quelles questions poserez-vous à votre sœur à son retour pour avoir plus de renseignements sur le coup de téléphone?

14 heures. René a téléphoné.

Il arrive à Paris le ▓▓▓. Restera ▓▓▓, voudrait que tu retiennes une chambre à l'hôtel ▓▓ et que tu ▓▓▓▓▓▓▓▓. Annie ne peut venir. Elle est ▓▓▓▓▓▓. Il retéléphonera à ▓▓▓ car il veut te demander des ▓▓▓▓ au sujet de M▓▓. Je pars à ▓▓▓. Rentrerai ▓▓. Mariane

Gr 1/3

Vous voudriez aller passer une semaine en France et vous allez demander des renseignements à l'Office du Tourisme Français. Quelles questions poseriez-vous pour avoir des renseignements sur les points suivants que vous avez notés:

Voyage   prix par train / avion
          horaires
          durée du voyage avion / train
          différence avion / train / bateau
          prix réduits certains jours / heures ?
          réservations : quand ? où ?
          trajet le plus court en voiture.

Paris   hôtel (où ? prix ?)
         repas (où ? spécialités)
         distractions (programme)
         achats (quoi ? où ?)

Gr 1/4
* *

Imaginez qu'un automobiliste s'arrête en voyant que ces deux dames ont des problèmes. Quelles questions leur poserait-il?

Les deux dames n'arrivent pas à faire repartir leur voiture et doivent téléphoner à un garage proche. Quelles questions poseront-elles au garagiste?

Gr 1/5
*

Sur un certain nombre de stations de radio françaises, il existe un jeu qui consiste à poser des questions à un invité. En répondant, celui-ci ne doit jamais employer les mots « oui » ou « non ». L'interview dure deux minutes.

Voici la transcription d'un de ces jeux.

● Lisez-la et relevez tous les mots ou expressions utilisés

à la place de **oui** :   à la place de **non** :

. . . . | . . . .

. . . . | . . . .

. . . . | . . . .

. . . . | . . . .

. . . . | . . . .

Nous sommes très heureux d'avoir parmi nous aujourd'hui Monsieur Laroche, qui vient de mettre au point la première maison solaire fabriquée en série.

I.   M. Laroche, vous avez conçu une maison solaire entièrement autonome. Mais il existe déjà beaucoup de maisons solaires.

M.L. C'est vrai, mais la plupart de celles qui existent sont coûteuses et longues à construire.

I.   Celle que vous proposez coûte, je crois, autour de 1 000 000 F ?

M.L. C'est juste.

I.   Mais c'est un prix très élevé pour une famille française moyenne !

M.L. Certes, mais c'est très peu comparé au prix des autres maisons de ce type. Et les économies d'énergie qu'elle permet sont telles que l'on peut très vite compenser l'écart de prix par rapport à une maison ordinaire.

I.   Peut-on vraiment, en quelques années, faire des économies d'énergie aussi importantes ?

M.L. Peut-être pas en quelques années, mais il est certain que le prix du fuel et de l'électricité va aller en augmentant et qu'en 15 à 20 ans la différence de prix sera largement compensée.

I.   Ne pensez-vous pas que beaucoup de français hésiteront devant une technologie nouvelle qui sera peut-être plus au point dans quelques années ?

M.L. Je ne vois pas pourquoi. Ces maisons sont expérimentées depuis plusieurs années et donnent entièrement satisfaction.

I.   En somme, vous êtes optimiste ?

M.L. Bien sûr...

I.   Bravo ! Les deux minutes sont écoulées et vous avez gagné.

● **A vous de jouer maintenant !**

Interviewez un de vos amis pour voir s'il/elle peut éviter de répondre par « oui » ou « non ».

Phrases exclamatives

Gr 1/6
*
0—π

Complétez les phrases suivantes avec un des mots suivants pour obtenir des phrases exclamatives : *Comme, Pourvu, Quelle, Quand, Comment*

1 . . . . je vous disais qu'elle était têtue !

2 . . . . la maison est triste quand elle n'est pas là !

3 . . . . qu'il ne pleuve pas !

4 . . . . drôle d'idée il a eue !

5 . . . . , il est déjà près de minuit !

6 . . . . j'aimerais prendre quelques jours de vacances !

Gr 1/7
* * *

Imaginez ce qu'a pu penser ou dire le monsieur sur le dessin ci-dessous. Utilisez des phrases exclamatives.

Tournures emphatiques

Gr 1/8
* **Transformez les phrases suivantes de façon à insister sur les mots soulignés. Utilisez l'un des procédés suivants :**

Ex. : *Il l'a vue hier.* ⟶ *C'est elle qu'il a vue hier !*
Les vacances sont finies. ⟶ *Finies, les vacances !*
Tu as parlé à ta mère ? ⟶ *Ta mère, tu lui as parlé ?*

1 Il m'a confié les clefs de son appartement.

2 Franck a téléphoné de New York hier soir.

3 Gérard a envoyé un télégramme de Florence.

4 Il faut reprendre le travail maintenant : le bon temps est terminé.

5 Il faudra absolument que je parte à sept heures.

6 J'ai revu François à une réunion d'anciens élèves.

7 As-tu reçu mon mot ?

8 Tu as réservé les places ?

Gr 1/9
** **Vous téléphonez à une de vos tantes qui est un peu sourde et qui vous fait répéter presque tout ce que vous lui dites. Complétez le dialogue en utilisant des phrases emphatiques de façon à bien mettre en valeur ce qui n'avait pas été compris.**

Vous : *Je pense prendre quelques jours de vacances à Pâques et aller dans le midi.*

Votre Tante : *A Paris ?*

Vous : . . . .

Et je me demandais si je pouvais passer te voir avec Sylvie.

Votre Tante : *Sophie est avec toi ?*

Vous : . . . .

Ça ne te dérangerais pas samedi ou dimanche ?

Votre Tante : *Non, je suis libre vendredi.*

Vous : . . . .

Tu es libre aussi samedi ?

Votre Tante : *Oui, d'accord.*

Vous : *Nous viendrons en avion - Nous arriverons vers 7 heures.*

Votre Tante : *Veux-tu que j'aille te chercher à la gare ?*

Vous : . . . .

En travaillant par deux, continuez le dialogue.

Imaginez ce que disent les deux employés en rétablissant les panneaux à leur place.

Ex.: *C'est le panneau «Payez ici» qui va près de la caisse.*

Le mot «. . . . .», il était sur une affiche pour annoncer nos prix.

L'affiche «. . . . .», elle . . . .

« Ça y est ! Les voyous sont encore passés par là ! »

16

Tournures passives

Gr 1/11

Lisez les faits divers suivants et complétez les phrases avec les verbes donnés dans la marge, à la forme passive.

EXPLOSION AU MANS

Deux personnes . . . . hier quand une bombe a explosé dans le grand magasin « Les Galeries de l'Ouest » du Mans. La police . . . . . . et était sur les lieux quelques minutes plus tard. L'attentat n' . . . .

blesser

avertir tout de suite
revendiquer + négation

DEUX ALPINISTES SECOURUS

Les deux touristes belges qui . . . . dans le massif du Mont Blanc . . . . sains et sauf hier soir. Pris par la soudaine chute de neige, ils s'étaient abrités dans un refuge en attendant des secours. Ils . . . . .hier à l'hôpital de Chamonix, mais état . . . . satisfaisant.

porter disparus *retrouver*

transporter

juger

LE KERLANE EST RETROUVÉ

Le bateau de pêche Kerlane, dont était sans nouvelles . . . hier au large des côtes du Finistère. Il . . . aujourd'hui à St-Brieuc.

apercevoir

attendre

Regardez le dessin ci-dessous et complétez les phrases qui suivent avec l'un des verbes donnés dans la marge dans le désordre.

LE CYCLE D'UN ARBRE

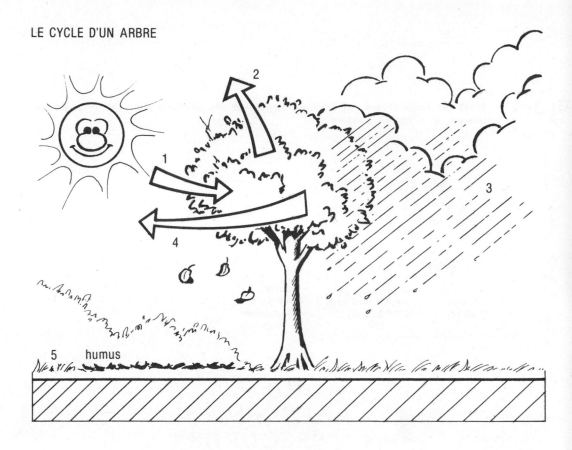

5 humus

défricher

absorber

couvrir

décomposer

couper

capter

libérer

détruire

utiliser

composer

reprendre

emporter

1 L'énergie solaire *(lumière)* . . . . par les feuilles et . . . . par la plante pour fabriquer sa nourriture.

2 Quand les feuilles respirent, de l'énergie . . . . par l'arbre.

3 90 % de la pluie . . . . par les feuilles et l'humus qui se forme sur le sol.

4 L'eau absorbée par les arbres quand il pleut . . . . par le soleil dans les jours qui suivent.

5 Les feuilles qui tombent . . . . et forment très vite une épaisse couche d'humus.

6 Quand un arbre . . . . dans une forêt, de nombreux arbres prennent sa place immédiatement pour profiter de la lumière.

7 Il faut des années pour reformer une forêt qui . . . .

8 Quand une forêt . . . ., il arrive que le sol, sans protection face au vent et à la pluie, ... par l'eau.

9 Les forêts tropicales . . . . d'une grande diversité d'arbres.

10 La plupart des arbres . . . . de parasites qui vivent à leurs dépens.

Le tableau ci-dessous décrit le fonctionnement de la Communauté Économique Européenne.

● Commentez-le en utilisant autant de passifs que possible.

Ex.: Le travail de la commission européenne est contrôlé par l'Assemblée Européenne.

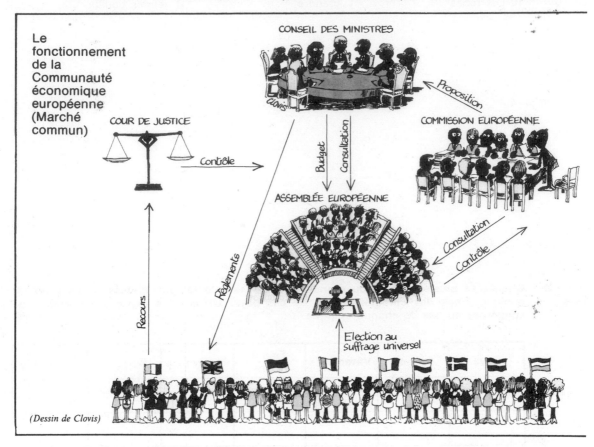

(Dessin de Clovis)

● Toujours en utilisant des passifs, décrivez la façon dont le gouvernement de votre pays fonctionne.

Ex.: La population est représentée par . . .

Le Premier Ministre / Président . . . est élu par . . . pour . . . ans.

L'Assemblée . . . est composée de . . . .

On est autorisé à voter . . . .

La République / Monarchie . . . a été fondée / renversée . . . en . : ..

Vous trouverez ci-dessous, dans le désordre, un certain nombre de règles et d'usages courants. Pouvez-vous les reconstituer en associant des expressions et un verbe des colonnes 1, 2 et 3?
Vous devrez utiliser *la forme réfléchie* du verbe.

Ex.: Le Champagne se sert *dans des flûtes ou des coupes.*

1	2	3
1 L'argenterie	a servir	A régulièrement
2 Le vin de Bordeaux	b nettoyer	B chaud ou froid
3 Le café	c laver	C en apéritif
4 Le poulet	d mettre	D avec du lait chaud

5 Le whisky	e enlever	E à gauche des verres à vin
6 Les vêtements en laine	f manger	F à la température de la pièce
7 Le cognac	g faire + négation	G de plus en plus longues
8 Les verres à eau	h porter	H comme digestif
9 Les taches d'encre	i prendre	I à l'eau froide ou tiède
10 Les robes	j prendre	J jamais bouillir

1 . . . .

2 . . . .

3 . . . .

4 . . . .

5 . . . .

6 . . . .

7 . . . .

8 . . . .

9 . . . .

10 . . . .

Gr 1/15
**
Choisissez plusieurs pays du monde et remplissez le tableau ci-dessous en y notant quelques-unes des caractéristiques da ces pays. Utilisez les expressions avec «on» suggérées au bas de chaque colonne.

Pays	Langue	Vêtements	Faune Flore	Nourriture	Boisson	Economie
Martinique	Français	longs colorés	tropicales	épicée	rhum	sucre rhum
	On parle ..	On met/ porte ..	On trouve / rencontre..	On mange ..	On boit ..	On fabrique produit cultive élève ..

A votre tour

Mettez-vous par groupes de deux ou trois. Chaque groupe choisit un pays et sans le nommer, le décrit en mentionnant ses coutumes et la façon dont on y vit. (On y parle . . ., on y mange . . .). **Le reste de la classe doit découvrir le pays dont il s'agit.**

20

Voici les étapes principales de la fabrication du vin. Imaginez que vous êtes fabricant de vin. Comment expliqueriez-vous ces différentes étapes à quelqu'un qui ne les connaît pas ? Utilisez à chaque fois un passif ou, si possible, une construction avec «on».

Ex.: Une fois que le raisin est coupé, on le transporte rapidement jusqu'au pressoir...

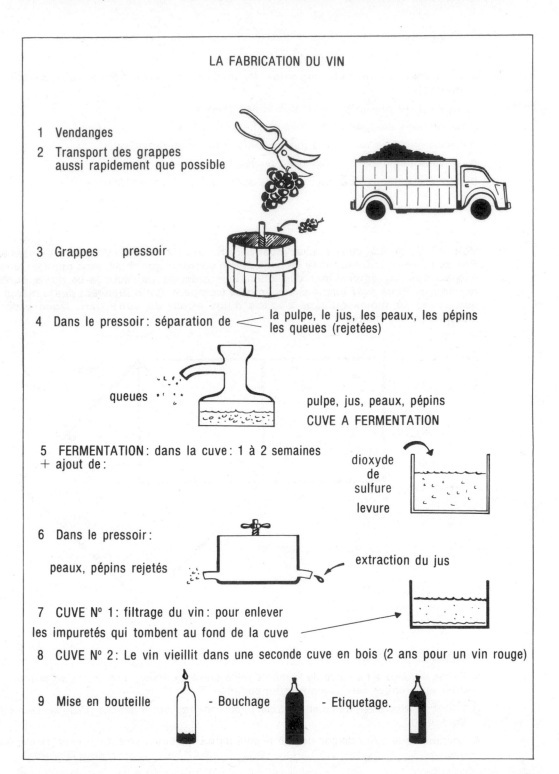

LA FABRICATION DU VIN

1   Vendanges
2   Transport des grappes
    aussi rapidement que possible

3   Grappes   pressoir

4   Dans le pressoir : séparation de ⟨ la pulpe, le jus, les peaux, les pépins
                                        les queues (rejetées)

queues

pulpe, jus, peaux, pépins
CUVE A FERMENTATION

5   FERMENTATION : dans la cuve : 1 à 2 semaines
+ ajout de :

dioxyde
de
sulfure
levure

6   Dans le pressoir :

    peaux, pépins rejetés   extraction du jus

7   CUVE N° 1 : filtrage du vin : pour enlever
les impuretés qui tombent au fond de la cuve

8   CUVE N° 2 : Le vin vieillit dans une seconde cuve en bois (2 ans pour un vin rouge)

9   Mise en bouteille   - Bouchage   - Etiquetage.

Phrases impératives

Transformez les phrases suivantes en utilisant le verbe donné entre parenthèses à l'impératif.

1 Je vous dis que je ne vous aiderai pas. *(savoir)*

2 Je ne veux pas que tu cueilles ces fleurs. *(cueillir)*

3 Il faut que tu envoies une longue lettre à ta tante. *(envoyer)*

4 Je vous demande de m'excuser. *(vouloir)*

5 Il vaudrait mieux que nous partions avant qu'il ne pleuve. *(partir)*

Voici un jeu auquel vous pouvez jouer par groupes de deux ou trois ou en classe entière. Sur du papier quadrillé, faites un petit dessin géométrique. Puis, sans montrer le dessin à vos camarades, donnez-leur des indications précises de façon à ce qu'ils puissent le reproduire. Vous avez gagné si vos amis se trompent et n'obtiennent pas le même dessin que vous... à moins qu'il ne s'agisse d'une erreur de votre part. Donnez donc des indications très claires.

Exemple :

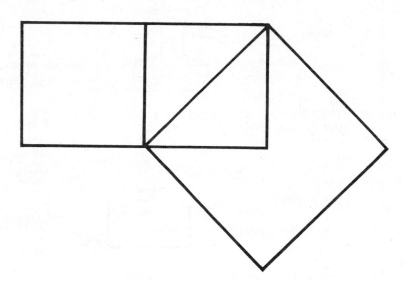

1 Dessinez un carré

2 Faites un deuxième carré de la même taille que le premier, à sa droite, en prenant le côté droit du premier carré comme côté commun.

3 Tracez la diagonale de ce second carré *(du coin en haut à gauche jusqu'au coin en bas à droite).*

4 Imaginez que cette diagonale soit le côté d'un troisième carré. Complétez le carré vers le bas.

Phrases négatives

Gr 1/19
**
🗝

Dites le contraire de ce qui est exprimé dans les phrases suivantes.

A 1 Personne n'est venu.
 2 Je n'ai ni temps ni argent.
 3 Elle n'a jamais aimé le théâtre.
 4 Il n'est plus là.
 5 Je n'ai plus rien à manger.
 6 Elle n'est pas encore arrivée.
 7 Je n'ai pas trouvé de train qui vous convienne.
 8 Je n'ai rencontré personne que je connaisse.

B 1 Il me reste encore de l'argent.
 2 Tu achètes quelque chose ?
 3 Nous avons fait beaucoup de choses aujourd'hui.
 4 J'entends toujours mon voisin rentrer à la même heure.
 5 J'ai un enregistrement du Boléro de Ravel.
 6 Comment ! Tu es déjà levé !
 7 Quelqu'un avait vu le voleur entrer dans la cuisine.
 8 J'ai visité un appartement qui te convient.

Gr 1/20
**

Imaginez ce que pense ce monsieur qui est seul et déprimé. Faites des phrases commençant par : *Plus rien ne, Plus personne ne, Jamais plus...*

Déterminants : articles

Gr 2/1
*
⚷

Complétez les phrases suivantes avec l'article défini, si nécessaire :

1 . . . . professeur qui donne des leçons de mathématiques à mon fils est . . . . enseignant à Polytechnique.

2 . . . . tremblement de . . . . terre du mois dernier a fait 18 morts dans cette région.

3 . . . . Durand nous ont invités à dîner . . . . dimanche après Pâques. Seras-tu libre ?

4 Il pense, avec . . . . raison, qu'il vaut mieux laisser . . . . voiture . . . . garage et aller à . . . . pied.

5 Je n'aime pas . . . . enfants qui font . . . . bruit.

6 Il n'est pas étonnant que . . . . travail soit bâclé : il l'a fait sans . . . . intérêt ni . . . . compétence.

7 « . . . . Antimémoires» de Malraux ont paru en 1968.

8 Dans . . . . Alpes, ... temps est très changeant.

9 . . . . vendredi soir, nous allons toujours au cinéma, mais . . . . vendredi dernier, ... Jean nous a invités chez lui.

10 Prends . . . . aspirine pour . . . . maux . . . . tête.

Gr 2/2
*
⚷

Complétez l'article de journal qui suit :

UN SONDAGE DE LA SOFRES

☐ Françaises veulent garder le nom de leur mari

Malgré ☐ lettre de ☐ loi, ☐ Françaises adoptent, une fois mariées, ☐ nom de leur époux. Cette habitude est si ancrée que peu ☐ gens savent qu'il s'agit d'un simple usage. Ou plutôt l'ignoraient jusqu'à ce que ☐ féministes, relayées par ☐ parlementaires, qui ont déposé des propositions de loi sur ☐ égalité de ☐ homme et de ☐ femme en matière ☐ nom (*le Monde* ☐ 28 août 1979), n'alertent ☐ opinion sur cette discrimination.

Cette revendication est prise au sérieux ☐ ministère de ☐ justice

Un sondage a été demandé par ☐ chancellerie à la SOFRES pour connaître ☐ opinion ☐ Françaises et ☐ Français sur cette question. Réalisé entre . ☐ mois

☐ juin et ☐ octobre 1979, ce sondage n'avait pas jusqu'à présent été rendu public, alors même qu'il aurait permis ☐ garde des sceaux de justifier ☐ réponse dilatoire qu'il a faite à M. Bariani.

Dans leur quasi-majorité, ☐ Français (49 %) pensent que ☐ femmes mariées doivent utiliser ☐ nom de leur mari. Moins d'un tiers (31 %) estiment que ce n'est pas souhaitable et un cinquième sont sans ☐ opinion. Contrairement à ce qu'on pourrait croire, ☐ hommes sont plus nombreux (33 %) que ☐ femmes (28 %) à penser que ☐ épouses doivent continuer à porter leur nom de jeune fille, même si elles sont plus favorables que ☐ hommes ☐ réformes concernant ☐ transmission ☐ nom.

Le Monde, 19 février 1980

Gr 2/3
***

Décrivez le dessin suivant en utilisant autant d'articles indéfinis que possible.

Il y a un homme . . . .

Un des . . . .

Pas un . . . .

Il n'y a pas de . . . .

Aucun des . . . .

Ni les spectateurs, ni le monsieur qui tient le pistolet ne semblent . . . .

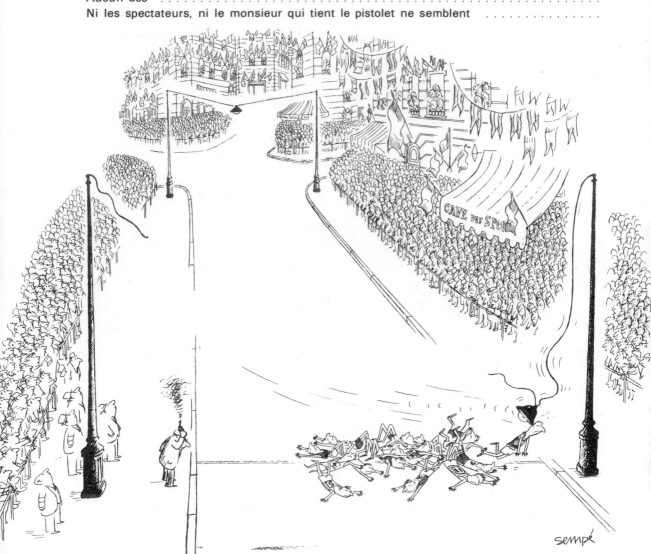

Gr 2/4
**

Mettez les phrases suivantes à la forme négative :

1 J'ai un collègue qui habite mon immeuble.

2 C'est un modèle très sophistiqué.

3 J'ai pris un Simenon pour lire dans le train.

4 C'est un cèdre que nous avons dans le jardin, pas un sapin.

5 Elle ressemble à une de mes amies.

6 Il a une fille et un garçon.

⚠ Les phrases 4, 5 et 6 posent des problèmes)

Complétez les phrases suivantes *(si nécessaire)* **avec le déterminant ou la préposition qui convient :**

1 Il vit . . . . . New York, ... Etats-Unis.

2 Venez me voir . . . . . mardi prochain. - . . . . . mardi après Noël ? Je ne peux pas, j'ai . . . . . rendez-vous chez . . . . . dentiste.

3 Il a été élevé . . . . . Bretagne, ... Bretagne bien différente de celle de nos jours.

4 Depuis que . . . . . prix . . . . papier a tant augmenté, ... livres sont devenus très chers.

5 Il habite . . . . . rue Bonaparte depuis . . . . . mois . . . . . avril.

6 On dirait . . . . . Bruegel, mais je ne crois pas que ce tableau soit de lui.

7 . . . . . Girard viennent d'acheter une maison près de la nôtre . . . . . Chamonix.

8 Je n'ai plus . . . . . centime. Pouvez-vous me prêter . . . . . l'argent ? Il me faudrait . . . . . pièces . . . . . un franc pour . . . . . téléphone.

Article partitif

Vous téléphonez à un ami qui doit venir vous aider à réparer votre maison. Que lui diriez-vous pour lui expliquer ce dont vous avez besoin ?
Voici ce que vous avez noté pour ne rien oublier :

OUBLIER... NE PAS OUBLIER... NE PAS OUBLIER... NE PAS OU

Ciment
peinture blanche
papier de verre
ficelle
alcool à brûler
fil électrique
prises électriques
boîte à outils
colle
rouleaux de papier peint

Gr 2/7
**

Vous êtes au restaurant avec quelques amis. Avant de décider ce que vous allez prendre, vous commentez le menu en expliquant ce que vous aimez ou n'aimez pas.

Ex.: Je ne veux pas de bœuf bourguignon, je n'aime pas la viande.

Tel. 325 95 77

1, rue de l'Ecole Polytechnique 75005 Paris

L'école

c'est

la salade campagnarde
+ l'entrecôte grillée au feu de bois.
+ les pommes allumettes à volonté.
+ la sauce béarnaise.

21 frs le tout

le soir, dîner aux CHANDELLES

service 15% en sus

Pour les bons vivants !
DU VIN ROUGE
le verre   20 cl   3 F
le petit pichet   45 cl   6 F

Pour les sportifs !
UNE BOISSON A L'ORANGE
le verre   20 cl   3 F
le petit pichet   45 cl   6 F

Pour les campagnards !
DU CIDRE
le verre   20 cl   3 F
le petit pichet   45 cl   6 F

Pour les autres ! .
BEAUJOLAIS A.C.   bout.   15 F
                      1/2 bout.
BORDEAUX A.C.   bout.   18 F
                      1/2 bout.   12 F
ROSE DE PROVENCE V.D.Q.S. bout.   15 F
                      1/2 bout.   10 F
BIERE FISCHER GOLD 25 cl. . . . . 4 F
BIERE CARLSBERG 33 cl. . . . . 6 F
EAUX MINERALES 1/2 bout. . . . . 3 F
CAFE . . . . 2,50 F

MENU CONSEILLE à 28,80 F. service 15% inclus.
la salade campagnarde
l'entrecôte et les pommes allumettes
fromage blanc ou crème chocolat ou crème de
marrons

BOISSONS CONSEILLEES : 3,45 F service 15% inclus
vin rouge 20 cl. ou eau minérale 1/2 ou cidre 20 cl.

Le fromage blanc à la groseille . . . . . . 4 F
La part de brie . . . . 5 F
La délicieuse crème au chocolat . . . . . . 4 F
La crème de marrons . . . . 4 F
La salade de fruits au kirsch . . . . 6 F
Tarte aux poires . . . . 6 F
Tarte paysanne tiède . . . . 6 F
Tarte aux myrtilles avec de la crème fraîche 8 F
Sorbet cassis . . . . 6 F
Glace a la banane . . . . 5 F
Glace au caramel . . . . 5 F
Glace rhum et raisins . . . . 6 F
Les profiterolles au chocolat chaud . . . . 9 F

De la finesse
Le sorbet poire
avec alcool de poire . . . . . 11 F

Adjectif possessif

Gr 2/8
**

Le Jeu de l'Actualité

Ce jeu se joue en classe entière ou par petits groupes. Un premier élève pense à une **nouvelle** *(entendue à la radio, lue dans le journal)* **récente** *(on peut fixer une limite : pas plus d'une semaine ou d'une dizaine de jours ne peut s'être écoulée depuis l'événement)* et fait une phrase pour expliquer au reste du groupe ce qui s'est passé. Cette phrase doit obligatoirement contenir un adjectif possessif et l'élève ne doit employer que des pronoms personnels. *(S'il utilisait des noms propres la solution serait évidente).* Les autres élèves doivent deviner de quelle nouvelle il s'agit.

Ex.: On a pris tout l'argent contenu dans leurs coffres.

Il s'agit du cambriolage chez les . . . . .

28

Quantificateurs

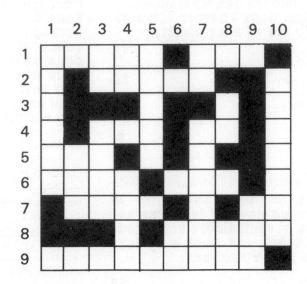

Horizontalement

1 Je n'ai pas . . . . . de lait pour faire mon gâteau ; peux-tu aller en chercher ?
. . . . . de gens connaissent ce restaurant : la cuisine y est pourtant excellente.

2 Depuis l'ouverture du supermarché, de . . . . . petits magasins ont fermé. *(2ᵉ syllabe du mot)*.

4 Il n'y a . . . . . de courrier le dimanche.
Adjectif démonstratif.

5 Synonyme d'aucun : . . . . .

6 . . . . . travail mérite salaire.
Il y a un . . . . . de choses que je dois faire avant de partir.

7 = 1 horizontalement *(fin du mot)*
Elle n'est ni jolie, ... intelligente.

8 Il a tout . . . . . de mérite que son frère *(début du mot)*.

10 J'ai . . . . . soif que je boirais n'importe quoi !

Verticalement

1 Voir 8 horizontal.

2 C'est un très bon professeur : . . . . . ses élèves l'adorent. *(3 lettres dans le désordre)*

3 Il est de 2 ans . . . . . âgé que moi ?

4 Début de 9 horizontal.

5 1 horizontal à l'envers.

7 . . . . . maison a des volets de couleur différente.

8 Donnez-moi un peu . . . . . beurre.

10 Qui a téléphoné ? Un . . . . . Monsieur Duchamp.

Voici les résultats d'un sondage de Paris-Match sur la façon dont les Français voient leur avenir. Commentez ces chiffres en utilisant au moins une fois chacun des déterminants suivants.

Plus de... Moins de... Peu de... Quelques... Certains... Autant (ou presque autant de... Beaucoup de...

D'une manière générale, pensez-vous que dans l'avenir votre niveau de vie va aller plutôt :

En diminuant	42
En augmentant	26
Rester le même	24
Sans opinion	8

Au cas où, pour surmonter la crise, vous devriez faire des sacrifices et restreindre votre pouvoir d'achat, sur quoi le feriez-vous le plus volontiers :

La voiture	60
L'habillement	58
Les loisirs	49
L'équipement du foyer	38
Les vacances	37
La nourriture	17
Les dépenses de santé	10
Sans opinion	20

Croyez-vous qu'en ce qui concerne vos enfants, dans l'avenir ils vivront :

Mieux que vous	26
Comme vous	21
Plus mal que vous	38
Sans opinion	15

Pour une nation, il y a plusieurs façons de faire face aux problèmes économiques. En ce qui vous concerne, pour aider la France, dans cette liste, quels sont les trois efforts que vous consentiriez le plus volontiers à faire : (le total est supérieur à 100 en raison des réponses multiples) :

Acheter plutôt des produits français	85
Limiter l'utilisation de votre voiture	57
Ne plus aller en vacances à l'étranger	50
Aider à la réalisation d'un consensus national tant politique que social	37
Avoir un enfant de plus	19
Faire des heures supplémentaires non payées	8
Accepter un supplément d'impôts	6
Sans opinion	26

Enfin, pensez-vous qu'en ce qui concerne l'influence de la France et des Français dans le monde, elle va aller dans l'avenir :

En diminuant	33
En augmentant	22
En restant la même	29
Sans opinion	16

Paris-Match.

Complétez les phrases suivantes avec «peu» ou «un peu».

1 Peux-tu me rappeler la semaine prochaine; j'ai . . . . . temps en ce moment.

2 Si vous n'avez que . . . . . d'argent, essayez le bistrot au bout du quai : pour un prix très raisonnable, on vous servira d'excellents sandwiches.

3 . . . . . de patience. Tout s'arrangera.

4 . . . . . de whisky ne vous fera pas de mal : on dit que c'est bon pour le cœur.

6 Prenons la voiture; c'est . . . . . trop loin pour y aller à pied.

7 S'il vous reste . . . . . d'argent, allez dîner «chez Fernand» - vous y goûterez une excellente cuisine locale.

8 Pierre a décidément . . . . . de chance en ce moment : il vient de se casser le bras.

Adjectifs

Gr 3/1
*

Complétez les phrases suivantes avec les adjectifs donnés entre parenthèses, par ordre aphabétique. N'oubliez pas de les accorder.

1 L'homme recherché par la police a une barbe . . . . ., un . . . . . pardessus, et de . . . . . lunettes noires. *(gros - roux - vieux)*

2 Les apparences sont souvent . . . . . : Marie semble . . . . . et . . . . ., mais je ne crois pas qu'elle soit très . . . . . *(doux - franc - gentil - trompeur)*.

3 Ma photo . . . . . représente un vieillard à la longue barbe . . . . . qui regarde un . . . . . arbre mort. *(blanc - favori - vieux)*

4 Il vivait dans le . . . . . espoir qu'elle viendrait le revoir pour le . . . . . an. *(fou - nouveau)*

5 La . . . . . école qu'ils viennent de constuire est beaucoup plus éloignée que l'. . . . . : les enfants auront une . . . . . demi-heure de marche tous les matins. *(ancien - bon - nouveau)*.

Gr 3/2
*

Complétez les phrases suivantes avec l'adjectif et le nom donnés entre parenthèses, dans l'ordre qui convient.

1 C'est un . . . . . que d'être mineur ici *(travail dur)* : on ne peut extraire ce . . . . . qu'avec une pioche *(minerai / dur)*.

2 Malgré son argent et situation sociale, ce n'est au fond qu'une . . . . . qui doit être bien malheureuse. *(femme / pauvre)*.

3 La Calabre est une . . . . . du sud de l'Italie. *(région / pauvre)*

4 Un . . . . . a souvent des complexes par rapport à ses camarades plus grands que lui. *(enfant / petit)*.

5 Je vis venir à moi un . . . . . : il ne pouvait pas avoir plus de quatre ans. *(garçon / tout petit)*

6 C'est la . . . . . que nous passons nos vacances ici : l'hôtel devient vraiment trop cher. *(année / dernière)*

7 Est-ce . . . . . que nous avons couché dans cet hôtel ou bien il y a deux ans ? *(année / dernière)*

8 Prend une . . . . . dans l'armoire : tu as fait une tache sur celle que tu portais hier. *(chemise / propre)*

9 Je n'invente rien ; ce sont là ses . . . . . *(paroles / propres)*

Gr 3/3
＊＊

Regardez la photo suivante. Choisissez l'un des personnages et décrivez-le sans dire où il se trouve et sans le montrer. Si votre description est bonne, vos camarades doivent trouver de qui il s'agit. Utilisez autant d'adjectifs que possible.

Ex.: C'est une dame assez jeune aux cheveux noirs et longs et qui porte un manteau à carreaux et un foulard blanc

Gr 3/4
＊
⊶

Pouvez-vous résoudre ce problème ?
Dans la classe de 1ʳᵉ B il y a 9 élèves. Le professeur a décidé de les classer en fonction de leur ponctualité. Voici tout ce qu'il sait sur ses élèves :

1 D'Annie, Sylvie et Benoît, c'est Benoît qui est le plus ponctuel.
2 Didier arrive chaque jour quelques secondes plus tard que Sylvie.
3 C'est Marie qui est toujours la plus en retard.
4 Quatre élèves arrivent plus tôt que le professeur chaque matin : Frank, Claire, Pierre et Laurence.
5 Claire et Frank arrivent par le même train, mais Claire met quelques minutes de plus que Frank pour arriver au lycée car elle s'arrête en chemin pour acheter le journal.
6 C'est toujours Pierre le premier arrivé.
7 Un seul élève est plus matinal que Laurence.

Soulignez toutes les formes de comparatif ou de superlatif dans ce passage.
Dans quel ordre classeriez-vous les élèves ? *(Indiquez leurs noms dans la grille ci-dessous).*

1	
2	
3	
4	
5	
6	
7	
8	
9	

Voici quelques caractéristiques de quatre des familles qui habitent cet immeuble :

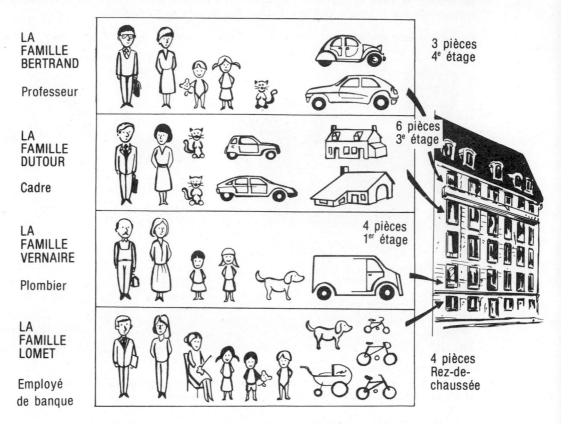

Elles doivent pouvoir vous aider à compléter les phrases suivantes :

1 La famille Lomet a plus . . . . . que la famille Bertrand.

est plus . . . . . que la famille Bertrand.

2 Les Vernaire sont beaucoup . . . . . que les Dutour.

3 C'est chez les Lomet qu'il y a la personne la plus . . . . . et la personne la plus . . . . . de l'immeuble.

4 M. Vernaire est sans doute le plus . . . . . , le plus . . . . . et le plus . . . . . des quatre familles.

5 La famille Lomet est certainement . . . . . car leur appartement . . . . .

6 Ce sont les Dutour qui habitent . . . . . grand.

7 Monsieur Vernaire fait un métier . . . . .

8 Les Bertrand habitent à l'étage . . . . .

9 Les Lomet habitent . . . . . .

Maintenant faites d'autres phrases pour comparer ces quatre familles. Vous pouvez imaginer ce qu'ils font dans la vie, leur caractère, leurs habitudes, etc., en fonction des éléments que vous avez sous les yeux.

Gr 3/6
**
O━┓

Reliez un élément de la colonne A à un élément de la colonne B de façon à former sept proverbes courants.

	A		B
1	Premier arrivé, *F*	a	moins on arrive.
2	Plus on est de fous, *D*	b	plus on veut gagner.
3	Plus ça change, *G*	c	plus la chute est dure.
4	Plus on se presse, *A*	d	plus on rit.
5	Qui peut le plus, *F*	e	premier servi
6	Plus on gagne, *B*	f	peut le moins.
7	Plus on tombe de haut, *C*	g	plus c'est la même chose. *(PAREIL)*

1 . . . . . 2 . . . . . 3 . . . . . 4 . . . . . 5 . . . . . 6 . . . . . 7 . . . . .

Lequel de ces proverbes utiliseriez-vous pour illustrer les phrases suivantes :

A La faillite de son entreprise l'a d'autant plus marqué que ses affaires étaient très prospères il y a encore peu de temps. *7* . . . .

B Invitons Frédérique et Nathalie ; on ne s'en amusera que mieux. *2* . . . .

C C'est toi qui a refait toute l'électricité dans la maison ; ne me dis pas que tu ne sais pas me changer une ampoule ! *5* . . . .

D Arrivons de bonne heure, on ne nous fera pas attendre ! *4* . . . .

E Tiens ! Les robes longues sont revenues à la mode ! *3* . . . .

F Non content de posséder 4 restaurants et 2 hôtels, il vient d'acheter un casino ! *6* .

G Elle s'est tellement énervée pour arriver à la gare à l'heure qu'elle a tout fait de travers et a fini par rater son train. . . . . *4* . . . .

Maintenant, faites vos propres proverbes en gardant la structure suivante :

Plus . . . . , plus . . . .

Plus . . . . , moins . . . .

Moins . . . . , moins . . . .

Moins . . . . , plus . . . .

Regardez le dessin ci-dessous et comparez les deux sœurs. Les mots ou expressions suivants pourront vous être utiles :

avoir mauvaise vue
avoir besoin de lunettes
vue *(pire - meilleure)*
être autoritaire / têtu

Bonjour Madame. C'est pour ma sœur qui s'obstine à prétendre qu'elle n'a pas besoin de lunettes !

Décrivez le plus de choses possibles dans ce dessin en employant des adverbes d'intensité *(très, fort, bien, extrêmement...)*

Ex. : Le monsieur a l'air extrêmement surpris.

Maintenant, comparez le dessin de la page précédente à celui-ci. Il y a **14 différences** entre les deux dessins. Pouvez-vous les retrouver et les mentionner ci-dessous en employant des comparatifs ?

1 ....
2 ....
3 ....
4 ....
5 ....
6 ....
7 ....
8 ....
9 ....
10 ....
11 ....
12 ....
13 ....
14 ....

Gr 3/8
***

Vous avez décidé de prendre une dizaine de jours de vacances à Pâques. Vous hésitez encore entre trois possibilités *(Vous trouverez ci-dessous les publicités correspondantes).* En utilisant des comparatifs, décrivez les avantages et inconvénients de chaque possibilité *(repos, santé, sport, intérêt...).*

Ex. : il fera sans doute beaucoup moins beau en Irlande.

Cure de cheval
au Pays de Galles.

En dehors des routes et des autoroutes, les Gallois continuent de se déplacer comme jadis : en péniche sur des canaux tranquilles, ou à bord d'antiques petits trains aux itinéraires forestiers, ou... à cheval en pleine campagne.
Alors raison de plus pour découvrir le vert Pays de Galles, resté 100 % nature, dans l'ouest de la Grande-Bretagne. Brittany Ferries vous propose là-bas des "séjours à cheval" (au forfait) dans les centres équestres les plus agréablement situés, les mieux équipés, les plus sympathiques.

Vous aimeriez aussi pêcher le requin ou la truite, apprendre l'artisanat ancien ? Alors raison de plus pour lire la brochure Brittany Ferries 79. Elle renferme plein d'idées originales, plein de formules intéressantes (week-ends, séjours, circuits) pour découvrir non seulement le Pays de Galles, mais la Grande-Bretagne tout entière. Vous pouvez bien sûr aussi, tout simplement, traverser la Manche sur les bateaux Brittany Ferries. Avec ou sans votre voiture. Et avec toujours le même grand confort.

Et toutes agences de voyages.
Licences A116, A771, A197, A711, A551, A567, A190, A639.

38

Pronoms

Gr 4/1
**
O━━

Dans les phrases suivantes dites quel mot ou groupe de mots le pronom souligné remplace.

a Il n'est pas encore venu chercher ses bagages. Quand le fera-t-il donc?

b Peux-tu me prêter ton réveil? Le mien ne marche pas, et j'en aurais pourtant besoin.

c Si vos poires sont bien mûres, j'en prendrai un kg.

d Il n'est pas très autoritaire, mais sa mère l'est pour deux.

e Stéphane est en pleine forme. Je suis sûre que ça lui a fait du bien de ne rien faire pendant un mois.

f Quels beaux géraniums! Comment avez-vous fait pour les conserver? Les nôtres sont morts de froid.

g Quand Monsieur Rivière est parti, le personnel lui a fait un cadeau. Chacun a contribué et nous lui avons offert un fauteuil.

	le pronom remplace un			
	nom	**adjectif**	**pronom**	**groupe de mots**
a				
b				
c				
d				
e				
f				
g				

Gr 4/2
**

Regardez ce dessin et imaginez ce que peuvent penser ou dire les personnages. Dans chacune des phrases qui suivent le pronom souligné renvoie à quelque chose qui a été dit précédemment par la même personne ou par une autre personne. Imaginez la ou les phrases de départ qui permettent d'expliquer les phrases données.

«Tapez sur la vitre si ça redémarre!»

1 . . . . , ça t'apprendra!

2 . . . . , je le sais bien.

3 . . . . , nous n'y serons pas à 10 h.

4 . . . . , je vous le dirai.

5 . . . . La prochaine fois, prends-en avant de partir.

6 . . . . La nôtre est trop petite pour en faire autant.

7 . . . . , ça va nous retarder.

8 . . . . Je les envie.

Gr 4/3

Vous avez décidé de nettoyer et de ranger le grenier de votre maison avec des amis. Au fur et à mesure que vous trouvez différents objets, ils vous suggèrent ce que vous pourriez en faire. Que répondriez-vous aux suggestions suivantes? *(Vous êtes d'accord et utilisez l'impératif et des pronoms à chaque fois).*
Voici ce que vous propose votre sœur Cécile:

Ex.: *Tu pourrais donner le landau à Paul et Véronique pour leur bébé.*
D'accord, donne-le leur.

1 Si on vendait cette horrible commode à l'antiquaire de Bourges, on pourrait acheter le fauteuil que nous avons vu hier.
➡

2 Veux-tu que je descende ces bouteilles à la cave?
➡

3 On pourrait donner ce porte-bouteilles à ta voisine: elle en cherche un.
➡

4 On pourrait envoyer quelques-unes de ces vieilles photos à Tante Gabrielle.
➡

5 Veux-tu que je fasse une tasse de thé?
➡

Voici ce que vous proposent vos amis Laurent et Nicole:

Ex.: *Penses-tu que nous pourrions donner quelques-unes de ces vieilles pierres à Solange? Elle en fait collection.*

➡

6 Nous parlerons de ta pendule à nos amis antiquaires.
➡

7 Veux-tu que nous t'attrapions ce lourd chandelier?
➡

8 Tu devrais nous laisser demander à Pierre qu'il vienne t'aider.

Gr 4/4

Complétez les phrases suivantes avec le pronom personnel réfléchi qui convient.

1 Tout cela va de . . . . .

2 Il a quarante ans et il . . . . . trouve trop vieux!

3 Nous . . . . . demandions s'il allait venir.

4 Fais un effort. C'est pour . . . . . que tu travailles.

5 Elles . . . . . sont perdues et on raté leur train: je . . . . . demande ce qu'elles vont faire maintenant.

6 Ils ont donné leur 2 CV à leur fils et viennent d'acheter une voiture de sport pour . . . . .

7 C'est un concours; chacun travaille pour . . . . .

8 Est-ce que tu . . . . . entends bien avec Sophie?

9 Ils ne pensent qu'à . . . . . et perturbent le travail des autres.

10 L'idée n'est pas mauvaise en . . . . ., mais elle risque d'être mal interprétée.

Pronoms indéfinis

Gr 4/5   Faites une phrase reprenant le sens de la phrase proposée en utilisant «rien» ou
*   «personne» suivi de l'un des adjectifs donnés ci-dessous, dans le désordre :
autre - certain - intéressant - nouveau - neuf -

Ex.: Il n'aura pas une bonne note : tout ce qu'il a fait était faux.
(correct) Il n'a rien fait de correct.

1 Jusqu'à maintenant les conférences ont toutes été très ennuyeuses.

....

2 Nous n'avons toujours pas d'autres nouvelles.

....

3 Personne n'a téléphoné à part ta sœur.

....

4 Je vous écrirai pour vous le confirmer car ce n'est pas encore sûr.

....

5 Revenez demain. Je n'ai toujours pas de renseignements supplémentaires aujourd'hui.

....

Gr 4/6   Voici, section par section, les résultats au baccalauréat dans un établissement
**   d'enseignement secondaire français. Vous êtes le directeur de cet établissement et vous
expliquez ces résultats à quelqu'un au téléphone, sans mentionner de chiffres. Utilisez
autant de pronoms indéfinis que possible.

Ex.: aucun, personne, presque tous, certains, etc.

	Terminale A1	Terminale A2	Terminale B	Terminale C	Terminale D
Nombre d'élèves	12	10	16	18	17
Réussites	10	10	0	18	12
Mentions :					
Passable	4	8	0	7	9
Assez bien	4	2	0	6	1
Bien	1	0	0	3	1
Très bien	1	0	0	2	1

Gr 4/7

En ou Y ?
Complétez les phrases suivantes avec les pronoms «en» ou «y» :

a Elle n'aime pas beaucoup son nouveau travail, mais je crois qu'elle s'..... fera.

b Je n'ai pas encore rédigé l'article mais j'..... ai réfléchi.

c Son travail, elle s'..... moque.

d J'..... ai l'habitude.

e J'..... suis habitué.

f Il perd la mémoire et le pire c'est qu'il s'..... rend compte.

g Le directeur est absent. Elle ..... profite pour arriver en retard tous les matins.

h Vos pêches ont l'air belles. J'..... voudrais 2 kilos.

i Emporte le jeu d'échecs : nous ..... jouerons le soir.

j J'ai une perceuse chez moi, mais ne je sais pas m'..... servir.

Gr 4/8

Complétez les phrases suivantes avec le pronom qui convient.

1 Je ..... ai parlé de toi et ils aimeraient te voir.

2 Vous n'auriez pas dû sortir : je vous ..... avais défendu.

3 Je me souviens de ..... quand il avait dix ans.

4 J'aime bien le Canada et j'aimerais ..... retourner.

5 Je vais noter son numéro de téléphone ; j'ai peur de ne pas m'..... souvenir.

6 Il a réussi et il ..... méritait.

7 Ne t'..... fais pas : tout s'arrangera.

8 Un proverbe dit : «Qui s'..... frotte s'..... pique».

9 Les gendarmes ont couru après le voleur mais il ..... a échappé.

10 Je ..... suis fait mal en voulant déplacer l'armoire.

Vous expliquez à une ami une recette du «Poulet Basquaise». Décrivez chacune des différentes étapes en utilisant plusieurs phrases à chaque fois, et autant de pronoms que possible.

1 poulet : gros - environ 1,5 kg.

Ex. : Achetez un poulet, prenez-en un beau, d'environ 1,5 kg

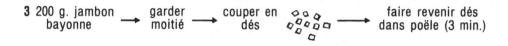

2 Vider poulet ⟶ beurrer poulet ⟶ mettre poulet au four (45 min.)

3 200 g. jambon bayonne ⟶ garder moitié ⟶ couper en dés ⟶ faire revenir dés dans poêle (3 min.)

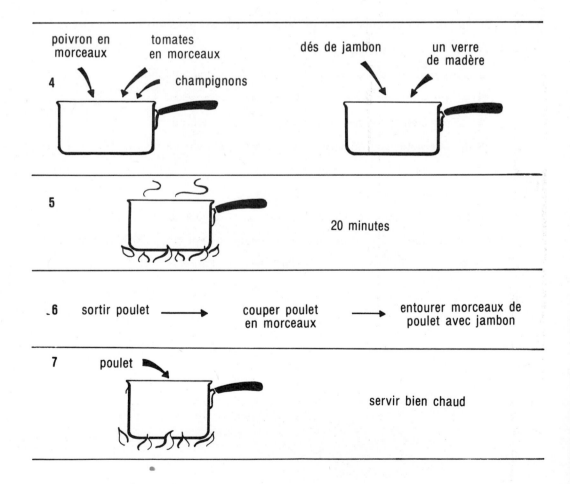

poivron en morceaux

tomates en morceaux

champignons

dés de jambon

un verre de madère

4

5 20 minutes

6 sortir poulet ⟶ couper poulet en morceaux ⟶ entourer morceaux de poulet avec jambon

7 poulet

servir bien chaud

Gr 4/10 **

Complétez les phrases suivantes avec un pronom démonstratif suivi de « de » ou d'un relatif
(que, dont, où, à qui...)

1 Ce thé n'est pas aussi bon que . . . . . tu as rapporté d'Angleterre.

2 Ce livre est différent de . . . . . je t'avais parlé.

3 Nous aurons besoin d'autres chaises. - Prends . . . . . la cuisine.

4 Connaissez-vous cet hôtel ? - Non, ... je vais d'habitude est dans le centre de la ville.

5 Le pain est bon ici . . . . . boulanger de notre rue n'est jamais assez cuit.

6 Beaucoup de nos arbres sont malades à cause de la sécheresse et . . . . . notre voisin sont morts.

7 Non, ce n'est pas Yves . . . . . je pense est grand et blond.

8 Si nous allons à Lyon, il faudra chercher un service à fondue. . . . . . j'ai vus ici n'étaient pas très jolis.

Gr 4/11 **

Choisissez un des personnages sur cette photo et, sans le montrer, décrivez-le de façon à ce que le reste de la classe puisse découvrir à qui vous pensez. Utilisez un pronom démonstratif dans chacune de vos phrases.

Ex.: C'est celui du fond, avec . . . . .
C'est celle dont / qui . . . . .

Gr. 4/12
**

Réécrivez les phrases suivantes en utilisant l'une des deux structures suivantes:

Ce que ....., c'est .....

C'est ..... que .....

1 J'aime cet appartement parce qu'il est ensoleillé.

. . . .

2 Il a téléphoné hier soir, pas ce matin.

. . . .

3 J'ai acheté le livre pour ton frère, pas pour toi.

. . . .

4 Je suis inquiète car je ne sais pas où il est.

. . . .

5 Danièle est restée ici, mais sa sœur Agnès est partie au pair.

. . . .

Gr 4/13
**

Toutes les personnes sur ce dessin se plaisent à l'hôtel où elles séjournent, mais pour différentes raisons. Expliquez ce qu'elles en pensent en utilisant l'une des deux structures suivantes.

C'est ..... que j'aime .....

que j'apprécie .....

Ce que ....., c'est .....

Imaginez également ce que peuvent penser les autres personnes qui fréquentent l'hôtel.

Gr 4/14

*

O—ᴫ

Complétez les phrases suivantes par *Il est / Elle est / C'est / Ce n'est.*

1 . . . . une excellente idée que tu viens d'avoir.

2 . . . . un homme qui plaît aux femmes.

3 . . . . aussi intelligente que jolie.

4 . . . . électricien à la campagne.

5 . . . . l'électricien qui a refait notre installation à la campagne.

6 . . . . lui qui est venu.

7 . . . . tard, ... onze heures.

8 . . . . anglais, mais . . . . . pas un Anglais comme les autres.

9 . . . . beau, une voiture de sport.

10 . . . . belle, cette voiture de sport.

Gr 4/15

**

Jeu des portraits

Un élève pense à un personnage que le reste de la classe doit deviner en posant des questions. L'élève qui a choisi le personnage dit tout d'abord si c'est un homme ou une femme et quelle est sa nationalité.
Le reste de la classe pose ensuite des questions auxquelles l'élève ne peut répondre que par oui ou non, par exemple: *Est-ce un homme politique?*

L'élève a gagné si - après 20 questions - la classe n'a pas encore deviné de qui il s'agit.

Regardez les photos ci-dessous et essayez d'imaginer autant de choses que possible sur ces personnes (*Qui sont-elles? nationalité, profession, caractère, habitudes...*)

Aspect

Lisez la lettre suivante et relevez toutes les formes verbales exprimant les aspects suivants :

Gr 5/1
**

la répétition : . . . .

la durée : . . . .

une action accomplie : . . . .

le futur proche : . . . .

le passé récent : . . . .

Cher Patrick

Voici le livre que tu m'avais demandé. J'espère ne pas m'être trompée de titre ! J'aurais dû t'écrire plus tôt, mais je suis absolument débordée en ce moment. Deux employées sont absentes et je suis seule pour m'occuper de tout : voilà un mois que je vais au bureau une heure plus tôt chaque matin pour essayer d'avancer un peu le travail. Et le soir, je sors à des heures impossibles ! Heureusement je dois partir quelques jours à Strasbourg chez Marc, la semaine prochaine. Sais-tu qu'il vient d'avoir une petite fille, Lucile. Je vais y aller en avion, ce sera plus rapide.

Tu me demandais dans ta lettre si je vois toujours Suzy Nous nous téléphonons régulièrement. Elle travaille depuis septembre dans un lycée au nord de Paris comme documentaliste, mais elle a passé il y a un mois un concours pour devenir bibliothécaire. Et elle vient de me téléphoner pour me dire qu'elle était reçue. Je crois qu'elle va donc changer de poste l'année prochaine. J'espère qu'elle ne sera pas trop loin et que nous pourrons nous voir.

Je termine vite ma lettre pour finir un rapport que je suis en train de lire et dois résumer pour demain matin ! Jamais je ne finirai...

Je t'embrasse. Et très bientôt.

Odile.

Voici deux pages extraites de l'agenda de Monsieur Richard. Décrivez ce qu'il fait pendant cette semaine en imaginant que vous êtes *le vendredi 7 janvier, à 15 heures.*

JANVIER   **JANVIER**

	LUNDI 3	MARDI 4	MERCREDI 5	JEUDI 6	VENDREDI 7	SAMEDI 8
8			train → Le Mans (gare Montparnasse)			
9				Vœux personnel		
10			Le Mans → visite usine			Visite →
11				10h - 17h		nouveau
12				Réunion		bâtiment R.M.
13		Déjeuner chez les Bertrand		Comité	12h30 Déjeuner avec Notaire	
14			Exposé	Direction		
15					Présentation projet nouvelle	
16			train → Paris		usine	
17					16h30 Tel USA	
18			Annie = Gare		(Philips)	Annie
19	Annie	Annie	Montparnasse		Annie = bureau	
20				Annie = Concert		
21						

NOTES

DIMANCHE 9

1re sem.

Classez les phrases en fonction de l'aspect qu'elles marquent.

aspect de répétition :
Tous les . . . .

aspect accompli :
Hier, ...

aspect pontuel :
Ce jour-là, il . . . .

passé récent :
Il vient de . . . .

futur proche :
. . . . , *il va* . . . .

aspect duratif :
Il est en train de . . . .

Modalité

Gr 5/3
* *
⚬━🔑

Faites correspondre chaque phrase de la colonne 1 à une des modalités de la colonne 2.

1	2
1 Quel dommage qu'il n'ait pas pu nous rejoindre !	**a** souhait
2 Si je pouvais partir avec toi !	**b** certitude
3 Je pense pouvoir partir malgré les grèves.	**c** ordre
4 J'espère qu'il fera beau demain.	**d** volonté
5 Il a dû rater son train.	**e** probabilité
6 Je ne veux pas qu'on fume dans ce bureau.	**f** regret
7 Asseyez-vous !	**g** possibilité
8 Je suis sûre qu'il n'est pas chez lui: ses volets sont fermés.	

phrase :	1	2	3	4	5	6	7	8
modalité :								

Gr 5/4
* *
⚬━🔑

Classez les phrases suivantes en fonction
du degré de volonté exprimé

☐	Je veux qu'ils se taisent.
☐	J'aimerais bien qu'ils se taisent.
☐	Taisez-vous !
☐	Qu'ils se taisent donc.
☐	Je voudrais qu'ils se taisent.

de leur degré de certitude

☐	Je crois qu'il réussira.
☐	Je ne sais pas s'il réussira.
☐	Je pense qu'il réussira.
☐	Je doute qu'il puisse réussir.
☐	Je suis sûre qu'il réussira.

Gr 5/5
**   Complétez les phrases en imaginant ce que pensent les personnes dans les situations décrites ci-dessous :

Un monsieur qui va passer à la douane et qui a pour plusieurs millions de pierres précieuses dans ses bagages.

- J'espère . . . .

- Je suis sûr . . . .

Lors d'une épreuve aux Jeux Olympiques.

- L'entraîneur du sportif qui va concourir : il est très optimiste.

. . . .

- Un sportif d'une autre équipe :

. . . .

Un avion a été détourné et attend sur une piste, n'ayant plus de carburant. Que diraient :

- le pilote aux autorités de l'aéroport

. . . .

- les personnes qui ont détourné l'avion

. . . .

- les passagers

. . . .

Imaginez ce que les membres de la famille, et le chien, peuvent penser ou dire!

Complétez le texte qui suit avec les verbes donnés entre parenthèses précédés de l'auxiliaire qui convient. Attention : un certain nombre de ces verbes sont au passif et nécessitent deux auxiliaires.

LES DÉGATS

Le centre universitaire Jussieu (Paris - VI - Paris - VII) (1) d'importants dégâts au cours de la semaine passée. Les déprédations, qui (2) le fait de « casseurs », (3) plusieurs salles de cours et amphithéâtres (graffiti sur les peintures, bris de vitres et de mobilier), mais aussi plusieurs laboratoires de recherches.

L'université Paris-VI (4) . L'ordinateur Cyber « CDC6006 » de l'Institut national de physique nucléaire et de physique des particules (IN 2 P 3), dépendant du C.N.R.S., (5) par des coups de barres de fer et le jet de cocktails Molotov, indique-t-on à la présidence de l'université Paris-VI. Un laboratoire de spectrochimie (6) par un incendie. Enfin, un laboratoire de cristallographie et son équipement (7) des dégâts. Dans ce laboratoire, des cartes informatiques (8) . La présidence de Paris-VI évalue le montant des dégâts à 5 millions de francs environ.

1 ou 2 millions

Dans un communiqué au quotidien « Libération », mardi 13 mai, les « petites souris autonomes » (9) la destruction de l'ordinateur de l'Institut national de physique nucléaire « comme une des ripostes à l'assassinat d'Alain Begrand ». Les autonomes avançaient également que le laboratoire (10) un contrat de recherches pour le compte de la défense nationale. M. Jean Dry, président de Paris-VI, indique que ces contrats ne sont pas exceptionnels et présentent habituellement un grand intérêt. Il précise que ces contrats ne présentent pas de caractère « agressif ».

Les dégâts de l'université Paris-VII (11) un mini-ordinateur et deux perforatrices. M. Yves Le Corre, président de Paris-VII, évalue les dommages à 1 ou 2 millions de francs.

subir (1)

être (2)

toucher (3)

souffrir + le plus (4)

endommager + ainsi (5)

toucher + sérieusement (6)

subir (7)

détruire + aussi (8)

revendiquer (9)

signer (10)

toucher + surtout (11)

1 : . . . .
2 : . . . .
3 : . . . .
4 : . . . .
5 : . . . .
6 : . . . .
7 : . . . .
8 : . . . .
9 : . . . .
10 : . . . .
11 : . . . .

Le Monde, 20 mai 1980

Horizontalement

1 Il . . . . . être très fatigué en ce moment.

3 Ton français n'est vraiment pas bon. Tu auras de la chance si tu te . . . . . comprendre.

4 Ne m'attendez pas : je . . . . . être retardée.

5 J'étais sur le . . . . . de lui téléphoner quand il a sonné. (*sauf la première et la dernière lettre*)

6 Je suppose qu'il est . . . . . au cinéma.

7 Elle peut . . . . . faire des manières, mais c'est en fait quelqu'un de très simple. (*deuxième syllabe du mot*)

8 C'est Frédéric qui téléphonera à Pierre et lui . . . . . entendre qu'il vaut mieux qu'il ne vienne pas.

Verticalement

1 Ceci n'est pas . . . . . me rassurer.

3 Mon talon s'est cassé et j'ai bien . . . . . tomber.

6 Il n'a pas . . . . . comprendre ce que je lui ai dit : peut-être n'ai-je pas été très clair.

8 - même chose que 4 horizontalement

- En rentrant, Pierre . . . . . changer la serrure car nous venons d'être cambriolés. (*mot sans sa première lettre*)

Gr 5/9
*

Commentez le dessin ci-dessous en complétant les phrases qui suivent.

- Ils viennent de . . . .

- Ils sont en train . . . .

- Ils vont . . . .

- Ils semblent . . . .

- Ils devront faire . . . .

- Les poissons paraissent . . . .

- L'un des deux monsieurs a dû . . . .

Gr 5/10
**
O━━

Les verbes aller, venir et faire sont-ils verbes simples ou semi-auxiliaires dans les phrases suivantes ? Indiquez V ou S à côté de chacune des phrases.

1 J'ai fait réparer mon fauteuil Louis XV par un ébéniste.
2 Il est allé faire des courses à Paris.
3 Il vient tout juste de rentrer.
4 Le docteur viendra à 5 heures, après ses consultations.
5 Ils m'ont fait comprendre qu'ils n'avaient plus besoin de moi.
6 Je venais tout juste de m'endormir quand le téléphone a sonné.
7 Il vient pour me parler de son nouveau travail.
8 Il vient de me parler de son nouveau travail.
9 Les gâteaux me font grossir.
10 Une bière nous fera du bien.

56

Construction des verbes

Gr 5/11
*

Associez un élément de la colonne 1 et un élément de la colonne 2 de façon à obtenir des phrases correctes.

1	2
A 1 Il tient de *c*	**a** sa mère par la main
2 Il tient *k*	**b** sa mère
3 Il tient à *b*	**c** sa mère par son caractère
B 4 J'ai pris *f*	**d** quelqu'un d'important
5 J'ai pris sur *e*	**e** mon temps de vacances pour finir ce travail
6 Il se prend pour *D*	**f** quelques jours de vacances en mai
C 7 Elle parle *h*	**g** une anglaise
8 Elle parle à *g*	**h** anglais
9 Elle parle de *i*	**i** littérature anglaise
D 1 Pierre passe pour *k*	**j** toutes leurs actions passées
2 Pierre est enfin passé à *l*	**k** un homme d'action
3 Pierre a bien voulu passer sur *j*	**l** l'action
E 4 Il ne faut pas manquer de *o*	**m** notre train
5 Il ne faut pas manquer à *n*	**n** notre devoir
6 Il ne faut pas manquer *m*	**o** pain
F 7 Je peux répondre de *r*	**p** toutes les questions
8 Je peux répondre à *p*	**q** un mot
9 Je peux répondre par *q*	**r** sa conduite

r 5/12
*

Complétez les phrases qui suivent avec la préposition qui convient *(si nécessaire).*

a Il n'obéit jamais . . . . . ses parents.

b Mes voisins se plaignent . *du* . bruit que je fais.

c Pensez . *à* . . moi demain à cette heure-ci. Je passerai . . . mon examen.

d Le tabac nuit . *à* . . la santé.

e Je le croyais guéri ; mais il recommence . *à* . . tousser depuis hier.

f Il s'est précipité et l'a empêché . *de* . se noyer.

g Il m'a prêté . . . son appareil photo et m'a même donné . . . une pellicule.

h Elle m'a promis . *d'* . . écrire souvent.

i Il se passionne *pour* . la géographie.

j J'ai réussi . *à* . . convaincre . . . Philippe . *de* . nous rejoindre.

k As-tu pu le convertir . *à* . . nos idées ?

l Je me méfie . *de* . . belles paroles.

Verbes pronominaux

Gr 5/13
**
O—►

Complétez le passage avec l'un des verbes pronominaux donnés ci-dessous, dans le désordre.

se retourner - se demander - se moucher - se soulever - s'assoupir - se pencher - se remettre
se raffermir - s'endormir - s'éveiller - se lever -

(Maigret est dans un wagon-couchette).

Maigret, excédé, ... , passe dans le couloir où il fait les cent pas. Seulement, dans le couloir, il fait trop froid.

Et c'est à nouveau le compartiment, la somnolence qui décale les sensations et les idées. On est séparé du reste du monde. L'atmosphère est une atmosphère de cauchemar.

Est-ce que l'homme, là-haut, ne vient pas de . . . . . sur les coudes, de . . . . . pour essayer d'apercevoir son compagnon ?

(...) La nuit est longue. Aux arrêts, on entend des voix confuses, des pas dans le couloir, des portières qui claquent. On . . . . . si le train . . . . . jamais en marche.

A croire que l'homme pleure. Il y a des moments où il cesse de respirer. Puis soudain il renifle. Il . . . . . Il . . . . . .

Maigret regrette de n'être pas resté dans son compartiment de première, avec le vieux couple.

Il . . . . . Il . . . . . Il . . . . . à nouveau. Enfin, il n'y tient plus. Il tousse pour . . . . . la voix. «Je vous en prie, monsieur, essayez donc de rester tranquille ! »

© Simenon, *Le Fou de Bergerac*, p. 8.

Gr 5/14
**

Rédigez une courte publicité pour un hôtel au bord de la mer dans laquelle vous décrirez comment on peut y passer son temps.

Ex: Venez passer quelques jours enchanteurs dans notre hôtel. Vous y . . . .

Utilisez les verbes suivants ou d'autres verbes pronominaux de votre choix :

se trouver   *se faire bronzer*
se reposer   *s'amuser*
se lever   *se plaire*
se promener   *ne pas se tromper*
se baigner

Rédigez un court texte décrivant les dangers de l'usage du tabac et recommandant de cesser de fumer.
Utilisez les verbes suivants ou d'autres verbes de votre choix :

s'intoxiquer   *s'obliger / se forcer*
se droguer   *s'arrêter*
s'habituer   *se détendre*
se décider

58

Racontez l'histoire suivante en utilisant autant de verbes pronominaux que possible.

Verbes impersonnels

Gr 5/16   **Quel temps fait-il aujourd'hui à . . . . . ?**

Paris : . . . .

Nice : . . . .

Brest : . . . .

Lille : . . . .

Le Mans : . . . .

Tours : . . . .

Bordeaux : . . . .

Toulouse : . . . .

Lyon : . . . .

Grenoble : . . . .

dans le Centre : . . . .

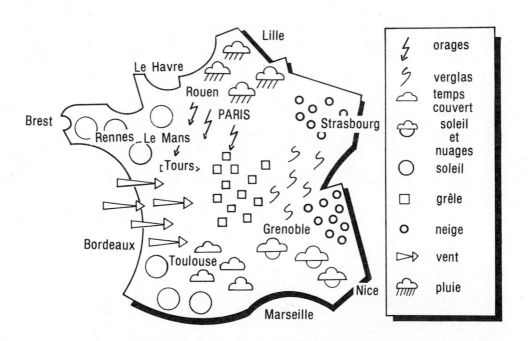

De façon à pouvoir faire ces mots croisés, complétez les phrases qui suivent avec des verbes (ou locutions) impersonnels. Les définitions ne sont données que pour les mots de plus de 2 lettres.

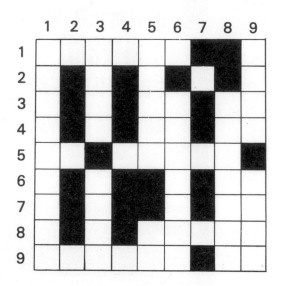

Horizontalement

1 Faites comme il vous . . . . ; je préfère ne pas vous donner de conseils. *(infinitif du verbe.)*

5 - Il y a . . . . . du verglas hier.

- Il . . . . bien un jour où tu devras gagner ta vie.

8 Rentre la voiture au garage ce soir. Je crois qu'il va . . . . *(infinitif)* cette nuit et nous avons oublié de mettre de l'anti-gel.

9 Comme nous n'avons pas pris de vacances à Pâques, il va nous . . . . huit jours de plus cet été.

Verticalement

1 Son cas n'est pas exceptionnel : il se . . . . au moins trois ou quatre problèmes de ce genre tous les ans *(infinitif.)*

3 Il y . . . . trois ans demain que nous sommes mariés.

- Bien qu'il . . . . difficile de porter un jugement au bout de quelques jours, je le crois quelqu'un de très valable. *(lettres à l'envers.)*

5 Dépêchez-vous ! Il ne . . . . que 5 minutes avant le départ du train.

6 Je ne peux pas finir de tricoter mon cardigan : il me . . . . un peu de laine. *(infinitif)*

8 Il avait l'air si bouleversé que j'ai cru qu'il était . . . . . un accident. *(infinitif)*

9 Vas donc te coucher. Il va . . . . . minuit !

- Rien ne . . . . . de courir, il faut partir à point.

Regardez le panneau d'interdiction ci-dessous :

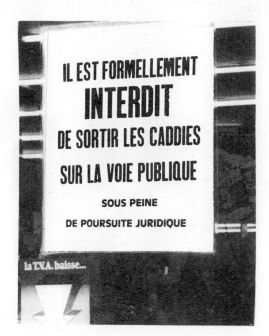

On trouve souvent une forme impersonnelle avec il (*au passif*) sur des panneaux pour interdire ou, au contraire, conseiller quelque chose.

• Ecrivez 6 panneaux (*il peut s'agir simplement d'un papier collé au mur pour qu'il soit lu par tout le monde*) du type de ceux que vous pourriez trouver dans un (*e*) école, usine, service public, etc.

- . . . .
- . . . .
- . . . .
- . . . .
- . . . .
- . . . .

Vous pouvez utiliser les verbes suivants :

recommander, conseiller (+ *fortement*)
interdire, défendre (+ *formellement, absolument*)
décider (*au passé composé : il a été décidé*)
permettre

• Imaginez maintenant l'école, l'usine, l'entreprise... de vos rêves. Quel genre d'affiches y verriez-vous ? N'utilisez que des formes impersonnelles au passif.

Présent de narration

Gr 6/1
**

Voici les moments principaux de la vie de Joachim MURAT, l'un des maréchaux de Napoléon Ier. Racontez sa vie en utilisant un présent de narration.

1767 Naissance en Calabre, fils d'un aubergiste.
1787 ⟶ Armée
1792 Officier
1796 Aide de camp de Bonaparte
1800 Mariage avec Caroline Bonaparte
1804 Maréchal
1808 Roi de Naples
1812 Commandement de la campagne de Russie
1814 Rupture avec Napoléon. Traité signé entre Royaume de Naples, Angleterre et Autriche.
1815 Congrès de Vienne : Royaume de Naples ⟶ rois de France
Tentative de Murat pour reconquérir son Royaume de Naples.
Pris et fusillé.

Utilisez autant de verbes différents que possible. *Ex : devenir, nommer, prendre, obtenir...*

Gr 6/2
***

De qui s'agit-il ?

Les élèves travaillent seuls ou par groupes de deux. Chaque élève ou chaque groupe choisit un personnage historique célèbre dont il connait assez bien la vie. A tour de rôle chaque élève ou le représentant de chaque groupe présente à la classe les points principaux de la vie de son personnage, sans le nommer. (*Ex : Il naît en... Après des études de... Il décide de...*) Le reste de la classe doit deviner de qui il s'agit. Les élèves doivent employer un présent de narration.

Imparfait - Passé composé

Gr 6/3
**
O━┳

Complétez les phrases suivantes avec la forme verbale qui convient.

1 Mes parents m'ont offert une montre quand . . . . mon baccalauréat.

   a je passais   **b** j'ai passé   **c** j'avais passé   **d** je passai

2 Autrefois, nous . . . . à la mer chaque été.

   a allâmes   **b** sommes allés   **c** étions allés   **d** allions

3 Fouquet . . . . construire un château à Vaux-le-Vicomte pour rivaliser avec Louis XIV.

   a fit   **b** faisait   **c** aurait fait   **d** eut fait

4 Annie a téléphoné pendant que je . . . . avec Yves ce matin.

   a travaillai   **b** travaillais   **c** ai travaillé   **d** avais travaillé

5 Il . . . . une amende hier parce qu'il . . . . sur la sonnette d'alarme par mégarde.

   a avait   **a** tirait
   b eut   **b** tira
   c a eu   **c** eut tiré
   d avait eu   **d** avait tiré

6 L'eau . . . . trop froide pour que nous puissions nous baigner.

   a a été   **b** était   **c** avait été   **d** fut

7 Il . . . . très jeune quand il . . . .

   a était   **a** se mariait
   b a été   **b** s'est marié
   c eut été   **c** s'était marié
   d aurait été   **d** se marie

8 Tu . . . . pour rien : le bureau est fermé aujourd'hui.

   a venais   **b** vint   **c** es venu   **d** étais venu

Gr 6/4
**

Racontez l'histoire suivante en utilisant le passé composé et en vous aidant des verbes donnés à côté de chaque dessin.

partir
rentrer

passer

descendre

poursuivre
tomber

monter
s'arrêter brusquement

se précipiter sur
attaquer

courir après

entrer
voler
sortir

arriver
retrouver

sauter

redevenir

féliciter

Gr 6/5
**
0━►

Dans le passage qui suit - extrait du journal intime d'Edouard, l'un des personnages des **Faux-Monnayeurs** - remplissez les blancs par les verbes donnés entre parenthèses, au temps qui convient (*imparfait ou passé composé.*)

8 novembre.

Le vieux couple La Pérouse [. . . . .] de nouveau. Leur nouvel appartement, que je [. . . . .], est à l'entresol, dans ce petit renfoncement que forme le faubourg St Honoré avant de couper le Boulevard Haussmann. J'[. . . . .]. La Pérouse [. . . . .] m'ouvrir. Il [. . . . .] en bras de chemise et [. . . . .] sur la tête une sorte de bonnet blanc jaunâtre où [. . . . .] par reconnaître un vieux bas... Il [. . . . .] à la main un tisonnier recourbé. Evidemment, je le [. . . . .] dans une occupation de fumiste ; et comme il [. . . . .] un peu gêné :
« Voulez-vous que je revienne plus tard ? » lui [. . . . .].
« Non, non... Entrez ici. » Et il me [. . . . .] dans une pièce étroite et oblongue dont les deux fenêtres ouvrent sur la rue, juste à hauteur de réverbère. - « J'[. . . . .] une élève précisément à cette heure-ci (il [. . . . .] six heures) ; mais elle m'[. . . . .] qu'elle ne ne viendrait pas. Je suis si heureux de vous voir. »

(déménager)
(connaître +
pas encore)
(sonner - venir)
(être - porter)

(finir)

(tenir)

(surprendre)
(sembler)

(dire) + je
(pousser)

(attendre)

(être)
(télégraphier)

André Gide, *Les Faux-Monnayeurs*, Œuvres complètes, Gallimard, p. 1024

65

Gr 6/6
✳✳✳

En quelques lignes, complétez les paragraphes qui suivent en imaginant quelles actions ou quels événements pourraient venir s'inscrire dans ces «décors».

1 Il pleuvait à torrents et la jeune fille s'était mise à l'abri sous un rocher. Le tonnerre grondait et semblait redoubler de force.

Soudain . . . .

. . . .

. . . .

2 La plage était déserte et il n'y avait pas une seule voile à l'horizon. Bien que le soleil soit à peine levé, il faisait déjà très chaud. Olivier s'était assis sur le sable et regardait la mer.

C'est alors . . . .

. . . .

. . . .

3 18 heures. Gare St Lazare. La foule se pressait vers les quais. Le train de 18 h 01 pour Colombes allait partir lorsque . . . .

. . . .

. . . .

Valeurs modales de l'imparfait

Gr 6/7

*

O━━┱

A côté des phrases suivantes, indiquez H, S ou R selon qu'il s'agit d'une hypothèse, d'une suggestion ou de l'expression d'un regret ou d'un souhait.

1 Si seulement je pouvais être à la mer!

2 Si nous allions à la mer cet été?

3 Si nous allions à la mer, il faudrait prendre la caravane.

4 Et si nous envoyions un télégramme? Cela irait plus vite.

5 Si nous envoyions un télégramme, cela irait plus vite.

6 Ah! S'il y avait une poste dans ce village! Je pourrais envoyer un télégramme.

	H	S	R
1			
2			
3			
4			
5			
6			

Gr 6/8

*

O━━┱

A chacune des 5 situations suivantes faites correspondre une des réactions proposées ci-dessous de A à E.

1 Vous avez invité une amie à dîner et elle vient accompagnée de quatre autres amis. Vous n'avez pas assez pour 6 personnes.

. . . .

2 Un ami vous donne l'adresse d'un magasin mais oublie de vous dire qu'il n'est ouvert que le matin. Vous y allez l'après-midi et téléphonez à votre ami:

. . . .

3 Vous avez laissé votre appartement à votre fille pour qu'elle invite quelques amis. Quand vous rentrez le soir, vous vous apercevez qu'il y a du désordre partout.

. . . .

4 Votre fils a emprunté votre voiture sans rien vous dire et vous ne pouvez pas sortir. Quand il rentre, vous lui dites:

. . . .

5 Vous venez de découvrir qu'un de vos meilleurs amis a depuis longtemps des problèmes d'argent. Vous lui dites:

. . . .

A *Tu ne pouvais pas me dire que tu la prenais!*

B *Tu ne savais pas qu'il était fermé l'après-midi!*

C *Il fallait me dire que tu amenais des amis!*

D *Pourquoi est-ce que tu ne m'en parlais pas?*

E *Vous ne pouviez pas ranger l'appartement!*

Gr 6/9
**

Votre voiture vient de tomber en panne en plein milieu de la nuit en rase campagne. Vous faites des suggestions à l'ami qui est avec vous et qui rejette chacune d'entre elles. Les points suivants vous aideront. Essayez d'en trouver d'autres ensuite.

Ex: crier personne aux environs
- Et si on criait?
- Si on criait, personne n'entendrait.

possibilités	inconvénients
pousser la voiture	ne pas aller loin
réparer la voiture	long - pas sûr de réussir
auto-stop	peu de voitures
marcher village	mettre des heures
chercher abri sous arbre	dangereux
dormir dans la voiture	froid

Gr 6/10
**

Complétez les phrases suivantes en imaginant ce que pense le petit garçon.

Si j'étais un cowboy, ...

Si . . . . , je les tuerais tous.

Si seulement je . . . .

Si j'avais . . . .

En utilisant un imparfait pour exprimer le regret / le souhait / l'hypothèse, imaginez ce que pensent cette dame et son mari.

Gr 6/11
* *

Vous allez voir votre patron pour lui demander quelque chose. Il n'a pas l'air de très bonne humeur, aussi cherchez-vous à être très poli. Inspirez-vous du dessin ci-dessous et imaginez tout ce que vous pourriez lui demander d'autre.

Ex : Je voulais vous demander si...

Passé récent

Gr 6/12
*

Faites une ou deux phrases pouvant expliquer chacune des situations suivantes. (Utilisez le verbe venir de + infinitif)

Vous entendez un grand bruit venant de la cuisine.

. . . .

. . . .

Vous téléphonez à une amie à 6 heures du matin. Elle n'a pas l'air de bien comprendre ce que vous lui dites.

. . . .

. . . .

Vous avez rendez-vous avec un ami. Il arrive, l'air épuisé et bouleversé.

. . . .

. . . .

Une nuit, en plein hiver, un automobiliste est assis par terre à côté de sa voiture et semble attendre.

. . . .

. . . .

Votre mari / femme rentre trempé(e). Pourtant, il ne pleut pas dehors.

. . . .

. . . .

Gr 6/13
**

Comment pouvez-vous expliquer...
Utilisez le verbe venir de + infinitif

1 la réaction de ces trois personnes ?

. . . .

. . . .

. . . .

. . . .

. . . .

2 la peur de la dame?

. . . .
. . . .
. . . .
. . . .
. . . .

3 la colère du monsieur?

. . . .
. . . .
. . . .
. . . .
. . . .

Passé simple

Gr 6/14
*
O━┯

Complétez cette rubrique de dictionnaire avec les verbes donnés ci-dessous dans le désordre, au passé simple.

devenir   se prêter   se retirer
épouser   essayer   partager
être   tenter   mourir.

> **JEANNE LA FOLLE**, en esp. **Juana la Loca.** ■ (Tolede, 1479 - Tordesillas, 1555). Reine de Castille (1504 1555). Fille de Ferdinand* d'Aragon et d'Isabelle* la Catholique, elle ☐ Philippe* le Beau (1496) et ☐ avec lui le trône de Castille à la mort de sa mère. Elle était déjà neurasthénique et son mari ☐ d'en profiter pour l'écarter du pouvoir. Elle ☐ totalement démente lorsqu'il ☐ et ☐ au château de Tordesillas. La régence assurée par Ferdinand d'Aragon qui devait lui restituer le pouvoir si elle recouvrait la raison. Charles* Quint, son fils, ☐ roi à la même condition, et elle ne ☐ pas aux manœuvres des «comuneros» qui ☐ de se servir d'elle contre son fils (1520).
>
> Le Robert 2

Gr 6/15
* *
O━┯

Complétez le passage suivant avec les verbes donnés entre parenthèses au passé simple ou à l'imparfait.

Le reflet de la porte vitrée du parloir passa brusquement sur le sable de la cour, à nos pieds. Santos [. . . . .] la tête, et [. . . . .] : « Des jeunes filles ».   *lever - dire*

Alors, nous [. . . . .] tous les yeux fixés sur le perron, où se   *avoir*
[. . . . .], en effet, à côté du préfet des études, deux jeunes filles   *tenir*
en bleu, et aussi une grosse dame en noir. Tous quatre [. . . . .]   *descendre*
les quelques marches et, suivant l'allée qui [. . . . .] la cour,   *longer*
se [. . . . .] vers le fond du parc, vers la terrasse d'où l'on   *diriger*
[. . . . .] la vallée de la Seine et Paris, au loin...   *voir*
Comme les jeunes filles [. . . . .] le long de la grande cour ovale,   *passer*
où les élèves de toutes les classes [. . . . .] réunis, chacun de   *être*
nous les [. . . . .] à son aise.   *dévisager*

Valéry Larbaud, *Fermina Marquez*, Gallimard

Futur et conditionnel

Gr 6/16
**

Vous venez d'acheter une jolie ferme peu chère. Mais vous voulez une maison moderne et vous imaginez quelles transformations vous allez faire. Vous avez fait un croquis de la maison telle que vous l'imaginez une fois les travaux terminés. Comment expliqueriez-vous à vos amis ce que vous allez faire ?

Ex : Je ferai enlever la grange,...

1

2

Gr 6/17
**

Nous sommes le 31 août. Voici l'agenda de Monique Fernand pour les quatre mois à venir.
Décrivez ses plans et ses projets.

Employez plutôt :

- aller + infinitif quand vous parlez d'un futur proche
- devoir + infinitif quand vous parlez de quelque chose de proche ou bien de fixé, d'arrangé à l'avance.
- un simple futur quand vous parlez d'un projet plus lointain ou moins sûr.

9 septembre			**10** octobre			**11** novembre			**12** décembre	
						1	D	Toussaint		
		36			40	2	L	45		49
1	M					3	M		1	M	
2	M					4	M		2	M	
3	J		1	J		5	J		3	J	
4	V	Coup de téléphone	2	V	x Envoyer télégramme	6	V		4	V	
5	S	de Paul à 20h15	3	S	à Annie pour	7	S	Week-end ?	5	S	
6	D		4	D	son anniversaire	8	D	chez Agnès	6	D	
7	L	Courses : achat 37	5	L	x Date limite pour 41	9	L	46	7	L	50
8	M	robe ?	6	M	donner réponse	10	M		8	M	
9	M	8h15 avion (Orly)	7	M	à François	11	M	Armistice	9	M	
10	J	Nice	8	J		12	J		10	J	
11	V	Hôtel Lutétia	9	V		13	V		11	V	
12	S	chambres retenues	10	S		14	S	Week-end ?	12	S	
13	D	Déjeuner chez les	11	D		15	D	chez Agnès !	13	D	
14	L	Durand 38	12	L	42	16	L	47	14	L	51
15	M	17h. Dentiste	13	M		17	M		15	M	
16	M		14	M		18	M		16	M	
17	J	rester au bureau x	15	J		19	J		17	J	
18	V	jusqu'à 20h. x	16	V		20	V		18	V	dernier jour de
19	S	x	17	S		21	S		19	S	travail
20	D		18	D		22	D		20	D	
21	L	39	19	L	43	23	L	48	21	L	52
22	M		20	M	Réunion du	24	M		22	M	Aller à
23	M		21	M	G.E.L.P.	25	M		23	M	Chamonix
24	J	aller au ? x	22	J	écrire article	26	J		24	J	avec
25	V	concert avec x	23	V		27	V		25	V	Noël François
26	S	Catherine et x	24	S	Inviter Florent	28	S		26	S	
27	D	Philippe	25	D		29	D		27	D	
28	L	40	26	L	44	30	L	49	28	L	53
29	M		27	M					29	M	
30	M		28	M					30	M	
			29	J					31	J	
			30	V							
			31	S							

Gr 6/18   Les phrases qui suivent décrivent certains des changements qui se seront vraisemblablement produits en l'an 2000. Complétez les phrases en choisissant l'un des verbes ci-
dessous :

*inventer - faire disparaître - augmenter - trouver - disparaître - changer - faire - diminuer -
retrouver - devenir*

N'oubliez pas d'utiliser un futur antérieur.

En l'an 2000,

les voitures . . . . car il n'y aura plus d'essence. Le nombre de professeurs

. . . . car on utilisera de plus en plus de machines à enseigner.

La population . . . . (+ *tellement*) qu'il n'y aura plus de quoi la nourrir.

La science . . . . tant de progrès qu'on pourra aller passer ses vacances sur la lune.

Certains pays du tiers monde actuel . . . . de grandes puissances mondiales.

On . . . . une façon de choisir le sexe de ses enfants.

On . . . . une pilule qui fera maigrir ou grossir à volonté.

Les gens . . . . les joies du cheval et de la bicyclette car il n'y aura plus de voitures.

Les villes . . . . presque toute la campagne.

La mentalité des gens . . . .

Gr 6/19   Il est deux heures du matin. Les parents qui attendent sur le dessin ci-dessous sont très
**   inquiets car leur fille n'est pas encore rentrée.
Imaginez tout ce qu'ils ont pu penser avant de se décider à téléphoner à la police.
Utilisez un futur ayant valeur hypothétique (*surtout avec les verbes être et avoir*)

Ex: Elle aura eu un accident.

Gr 6/20

***

Vous êtes syndic (¹) d'un immeuble et vous cherchez à trouver le jour et l'heure qui conviennent le mieux pour organiser une réunion des copropriétaires de l'immeuble. Il est important que le plus grand nombre de personnes y participent. La réunion doit avoir lieu pendant la semaine suivante, celle du 5 au 12 octobre, et durera au moins une heure. Quel jour et quelle heure choisirez-vous?
Expliquez pourquoi en utilisant le futur antérieur.

Ex.: Le . . . . à . . . . heures
Monsieur . . . . ne sera pas encore . . . ., et . . . . sera . . . . / aura déjà . . . .

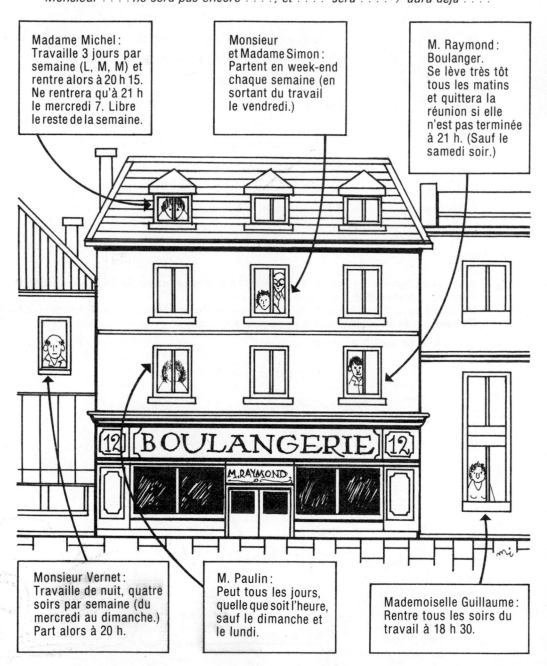

Madame Michel:
Travaille 3 jours par semaine (L, M, M) et rentre alors à 20 h 15. Ne rentrera qu'à 21 h le mercredi 7. Libre le reste de la semaine.

Monsieur et Madame Simon:
Partent en week-end chaque semaine (en sortant du travail le vendredi.)

M. Raymond:
Boulanger.
Se lève très tôt tous les matins et quittera la réunion si elle n'est pas terminée à 21 h. (Sauf le samedi soir.)

Monsieur Vernet:
Travaille de nuit, quatre soirs par semaine (du mercredi au dimanche.) Part alors à 20 h.

M. Paulin:
Peut tous les jours, quelle que soit l'heure, sauf le dimanche et le lundi.

Mademoiselle Guillaume:
Rentre tous les soirs du travail à 18 h 30.

(¹) Les copropriétaires d'un immeuble choisissent un syndic qui fait exécuter les décisions prises par l'ensemble des copropriétaires.

Gr 6/21
**

C'est le lendemain du 1er avril. Vous entendez les nouvelles suivantes à la radio:

«Conséquences du coup d'Etat d'hier soir: Le Président de la République vient de démissionner. On est toujours sans nouvelle des ministres réunis hier en conseil. On suppose qu'ils ont été pris en otages. La police est toujours incapable d'agir. On attend à midi une déclaration du commando qui est à l'origine du coup d'Etat. Pour l'instant tout est calme et l'on n'a noté aucun rassemblement dans les rues. A l'étranger c'est le silence. La plupart des pays attendent sans doute plus de précisions sur la nature du coup d'Etat avant de faire connaître leur réaction.»

Vous n'étiez pas au courant de ce coup d'Etat et vous êtes très surpris et un peu sceptique tout de même. Pourtant ce n'est plus le 1er avril. Vous téléphonez à un ami et vous lui faites part de ce que vous avez entendu.
Que lui direz-vous? (*Utilisez le conditionnel passé pour exprimer le doute.*)

Ex: Il y aurait eu un coup d'Etat hier soir.

Gr 6/22
**

Vous avez choisi de passer quelques jours dans cet hôtel à cause de son confort et aussi parce que vous appréciez un bon service. Malheureusement, vous vous apercevez vite que peu de choses fonctionnent comme prévu dans l'hôtel. A vrai dire, presque tous les symboles seraient à revoir: la douche marche mal,
l'air conditionné est trop froid...
Vous passez votre temps à demander toutes sortes de choses, mais vous tenez à rester très polie. Imaginez tout ce que vous pourriez demander. Utilisez un conditionnel.

Ex: Je voudrais...
J'aimerais...
Pourriez-vous...
Auriez-vous la gentillesse / l'obligeance...
Voudriez-vous avoir l'obligeance / l'amabilité...

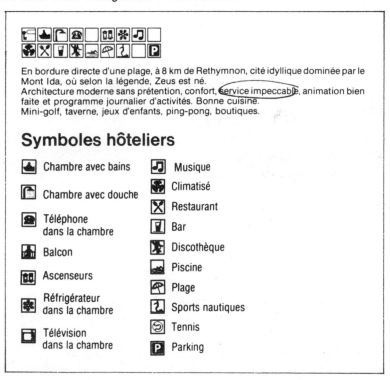

Subjonctif

Gr 6/23
*
O—r

Complétez les phrases suivantes avec les formes correctes des verbes donnés entre parenthèses.

1 Il veut que vous . . . . une heure plus tôt, si c'est possible. (*venir*)

2 J'exige que ce travail . . . . fait pour demain. (*être*)

3 Comment voulez-vous que j'. . . . . à Paris sans voiture? (*aller*)

4 Je regrette que nous ne . . . . pas vous donner satisfaction. (*pouvoir*)

5 Il n'est pas possible qu'il . . . . à Paris sans que nous le . . . . (*venir - recevoir*)

6 Bien que je ne . . . . que quelques mots d'italien, j'ai compris ce qu'il voulait dire. (*savoir*)

7 Il est indispensable que vous . . . . et que vous . . . . Sinon, je crains que vous ne . . . . une dépression nerveuse. (*dormir - se reposer - faire*)

8 Qu'il . . . . son manteau s'il a froid! (*mettre*)

9 Je ne pense pas que ce livre vous . . . . (*plaire*)

10 Il faut que je vous . . . . ce que je pense, bien que je ne . . . . pas à ce que nous . . . . (*dire - tenir - se fâcher*)

Gr 6/24
*

Regardez les dessins suivants.

Expliquez ce qui se passe en utilisant les conjonctions suivantes:
 après que
 sans que
 pour que

Imaginez
- pourquoi les parents ont changé la télévision de place (ils craignent / ont peur / souhaitent...)
- ce que le petit garçon voudrait / aimerait que ses parents fassent.
- ce que les parents veulent / ne veulent pas / exigent / ordonnent, etc. d'ordinaire.

78

Que pensent-ils ? Quatre personnes attendent quelqu'un à la gare. Mais le train arrive et Serge, la personne qu'ils attendent, n'en descend pas. Imaginez ce que chacune des quatre personnes peut penser ou dire en fonction de sa personnalité.

Sa mère, inquiète et anxieuse.
(*craindre, avoir peur, espérer...*)

M. Lambert, son père : il est furieux car il pense que son fils a changé d'idée (*La prochaine fois, j'exigerai... / Il faut... / Qu'il...*)

Eric, un de ses amis, qui regrette de ne pas pouvoir le voir.
(*être désolé, regretter. C'est dommage...*)

Evelyne, sa sœur, qui cherche à rassurer ses parents.
(*Il n'est pas possible, Il est peu probable... Je ne crois / pense pas...*)

Regardez cette page d'agenda et complétez les phrases ci-dessous en imaginant ce que peut penser la personne à qui il appartient.

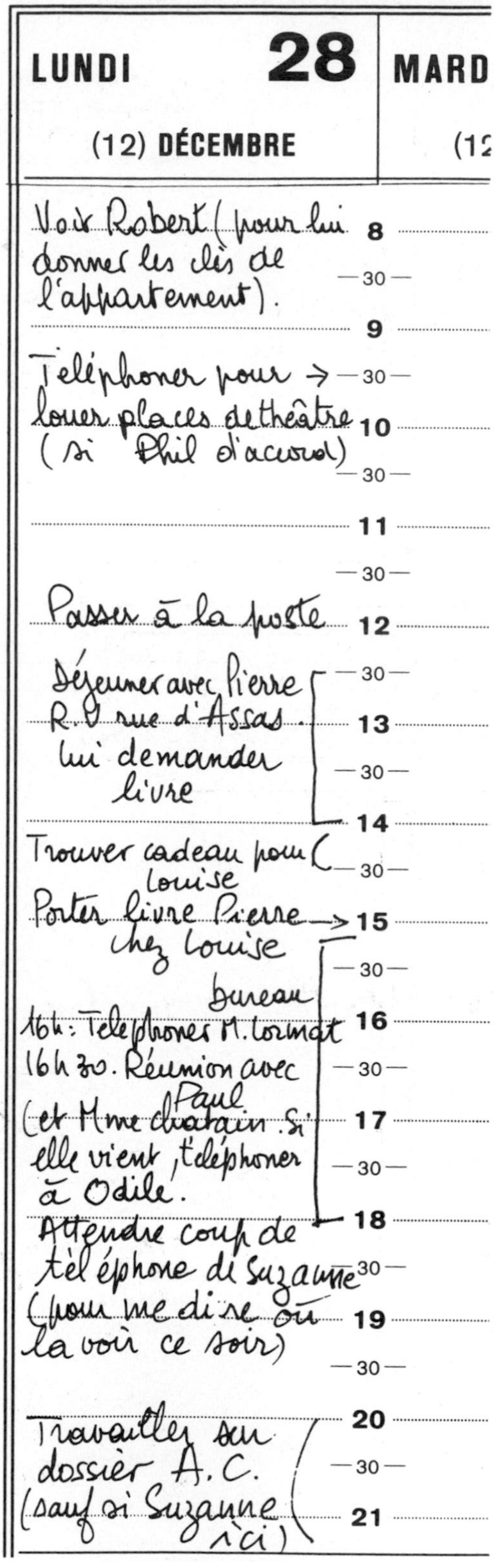

LUNDI **28**	MARD
(12) DÉCEMBRE	(12

Voir Robert (pour lui **8**
donner les clés de ─30─
l'appartement). **9**

Téléphoner pour → ─30─
louer places de théâtre **10**
(si Phil d'accord) ─30─

11
─30─

Passer à la poste **12**

Déjeuner avec Pierre ─30─
R. V rue d'Assas **13**
lui demander ─30─
livre **14**

Trouver cadeau pour ─30─
Louise
Porter livre Pierre → **15**
chez Louise ─30─
bureau
16h: Téléphoner M. Cormat **16**
16h 30. Réunion avec ─30─
Paul
(et Mme chatain. Si **17**
elle vient, téléphoner ─30─
à Odile. **18**
Attendre coup de
téléphone de Suzanne ─30─
(pour me dire où **19**
la voir ce soir) ─30─

Travailler sur **20**
dossier A. C. ─30─
(sauf si Suzanne **21**
ici)

1 A 9 h, je . . . . à condition que
. . . .

2 Il ne faudra pas que . . . . à 8 h, de
façon à ce qu'il . . . .

3 Avant que Paul et Mme Chatain . . . . . .
il faudra que je pense à téléphoner à M. L.

4 Après que Pierre . . . . j'irai le
le porter chez Louise.

5 Je resterai au bureau ce soir jusqu'à
ce que . . . . et . . . .

A partir de cet agenda, faites maintenant
d'autres phrases vous-mêmes en utilisant un
subjonctif.

Infinitif

En utilisant le verbe «faire» suivi d'un infinitif, imaginez tout ce que la femme fait faire à son mari, chez eux, en vacances...

1 Associez un élément de la colonne 1 et un élément de la colonne 2 de façon à obtenir des proverbes courants.

1	2
Il ne faut jurer	le fer quand il est chaud.
Il ne faut pas juger	la peau de l'ours avant de l'avoir tué.
Il faut battre	deux lièvres à la fois.
Il ne faut pas mettre	de rien.
Il ne faut pas vendre	hurler avec les loups.
Il ne faut pas courir	son linge sale en famille.
Il faut régler ses dépenses	les gens sur l'apparence.
Il faut laver	selon ses moyens.
Il faut savoir	la charrue avant les bœufs.

2 Expliquez ce que chacun de ces proverbes signifie en commençant vos phrases de la façon suivante:

Il faut...
Il ne faut pas...
On doit (*toujours*)...
On ne doit jamais / pas...
Il est nécessaire de (*ne pas*)...
Il est préférable de (*ne pas*)...

Gr 6/29
*

Regardez le dessin ci-dessous et complétez les phrases qui suivent.

1 Le monsieur a sorti la photo de ses enfants pour . . . .

2 En montrant la photo de ses enfants, le monsieur espère . . . .

3 Il ne veut pas mourir sans . . . .

4 Le monsieur pense qu'après . . . . ,
le tigre aura pitié de lui.

5 Le tigre regarde attentivement la photo avant de . . . .

6 Le tigre se demande peut-être si le monsieur est bon à . . . .

7 Au lieu de . . . . , le monsieur a préféré faire appel aux bons sentiments du tigre.

8 A force de . . . . , il arrivera peut-être à convaincre le tigre.

1 Regardez les dessins suivants et imaginez ce que le psychiâtre peut recommander au monsieur venu le consulter.

Il va falloir...
Vous devez...
Il ne faut plus...
Vous devriez...
Il faut savoir...

2 Le monsieur, qui est un homme d'affaires important, décide de suivre les conseils de son psychiâtre. Comment va-t-il expliquer à ses collègues et aux nombreuses personnes qui lui téléphonent ce qu'il va faire?

Je vais maintenant...
Je veux...
Mon intention est de...
Je ne peux plus...
Il me faut...
Je dois...

Participe et gérondif

Gr 6/31
Complétez l'annonce suivante avec le participe présent ou le gérondif de l'un des verbes donnés ci-dessous :

disposer - animer - impliquer - rendre - étoffer

Groupe industriel diversifié

dont l'une des activités est de concevoir et de réaliser des équipements lourds pour la chimie et la métallurgie

recherche

DIRECTEUR DES VENTES

_ _ _ _ _ _ _ de sa Division Industrielle.
_ _ _ _ _ _ compte directement à la Direction Générale du Groupe. Il aura, pour mission, de participer à la conception d'une politique commerciale cohérente pour les différents départements aussi bien en France qu'à l'Etranger.

Il devra ensuite faire appliquer cette politique sur le terrain _ _ _ _ _ _ _ _ et _ _ _ _ _ _ _ _ _ _ une force de vente d'un haut niveau technique.

Ce poste conviendrait à un ingénieur (IDN-HEI-Chimie)_ _ _ _ _ _ _ _ _ d'une dizaine d'années d'expérience de la vente de biens d'équipement, de fréquents en France et à l'étranger.

La connaissance de l'anglais et l'expérience d'un environnement international seraient des atouts importants, ce poste _ _ _ _ _ _ _ _ des déplacements fréquents en France et à l'étranger.

Gr 6/32
*
O━┳
Réécrivez les phrases suivantes en utilisant soit un participe *(présent ou passé)*, **soit un gérondif.**

1 Il montait l'escalier quand il est tombé et s'est tordu la cheville.

. . . .

2 Il savait combien elle était consciencieuse et hésita à lui demander ce travail supplémentaire.

. . . .

3 Je cherche une maison avec un grenier que l'on puisse transformer en chambre.

. . . .

4 Comme la situation économique devenait grave, une commission spéciale d'enquête a été créée.

. . . .

5 Il n'a ni mangé ni dormi pendant deux jours et il est très fatigué.

. . . .

6 Etant donné que je ne crois pas aux fantômes, je n'ai pas eu peur quand j'ai vu la porte de ma chambre s'ouvrir toute seule.

. . . .

7 Je suis allée faire des commissions ce matin et j'ai rencontré un ancien camarade de lycée.

. . . .

8 Elle a réussi tous ses examens et cherche maintenant un travail.

. . . .

Accord du participe passé

Gr 6/33
* Complétez les phrases qui suivent avec l'une des formes de participe passé de la colonne de droite.

A

La soupe que Martine a . . . . hier était délicieuse.

Ils se sont . . . . sans demander la permission.

La serveuse est pressée : elle a . . . . le dîner plus vite que d'habitude ce soir.

Autrefois, ces pièces ont . . . . d'écuries.

Les dames qu'il a . . . . étaient furieuses et se sont plaintes au patron.

servi

servis

servie

servies

B

La lettre que j'ai . . . . hier est une invitation à dîner pour ce soir.

Ils nous ont très bien . . . .

Ils ont . . . . un prix pour leurs travaux.

Les visiteurs sont . . . . par le gardien qui leur fait visiter le château.

Les plaintes qui ont été . . . . jusqu'ici ne sont pas très graves.

reçu

reçus

reçue

reçues

Gr 6/34
* Dans les phrases suivantes, mettez le verbe entre parenthèses au participe passé en faisant l'accord si cela est nécessaire.

1 As-tu . . . . une bouteille de champagne pour ce soir ? (*acheter*) - Oui, je l'ai . . . . en sortant du bureau. (*acheter*)

2 La robe que j'ai . . . . hier coûtait beaucoup moins cher que celle-ci. (*voir*)

3 Ce sont des amis que j'ai . . . . aux Etats-Unis l'an dernier. (*rencontrer*)

4 Ils sont . . . . à 6 heures (*partir*) : ils doivent maintenant être presque . . . . (*arriver*)

5 Elles se sont souvent . . . ., mais ont . . . . par se séparer bonnes amies. (*se quereller - finir*)

6 Les cambrioleurs sont . . . . dans la maison par la fenêtre. (*entrer*)

7 Les revues que je t'avais . . . . ne sont pas encore . . . . (*envoyer, arriver*)

8 Après s'être . . . . toute la matinée, les enfants se sont . . . . et se sont même . . . . (*se battre - se réconcilier - se sourire*)

9 Elles n'ont pas . . . . ce que je leur ai . . . . (*croire - dire*)

10 Ils ont . . . . la voie que d'autres avaient . . . . avant eux. (*suivre*)

Paris-Ile-de-France

La villa Castel (XXe)

Vocation sociale ou objet de spéculation ?

La villa Castel, cette mince coulée verte qui, dans le XXe arrondissement, relie la rue du Transvaal à la rue des Couronnes, vient d'être (1) . . . . . à l'Inventaire des sites. C'est donc l'assurance de sa survie. Mais pour les habitants du quartier, un nouveau problème se pose. Achetée par un promoteur, cette venelle bordée d'une dizaine de pavillons à rénover risque de faire l'objet de spéculations, donc d'échapper à ses locataires, tous (2) . . . . . de revenus modestes. Le C.L.A.D. 20 (Comité de liaison pour l'animation et le développement du XXe), les associations de quartier, la commission d'arrondissement ainsi que les élus du secteur, qui avaient déjà (3) . . . . . des démarches pour que l'on préserve un des rares vestiges du Belleville d'autrefois, ont (4) . . . . . cette fois à la Ville de Paris de faire jouer son droit de préemption afin que la villa Castel ait une vocation d'intérêt général.

Lors d'un prochain conseil municipal, les élus parisiens auront à se prononcer sur le sort de la villa Castel.

Pittoresque avec ses petits pavillons de briques, dont les balcons et les perrons de pierre ou de fer forgé réalisés avec des matériaux de récupération ont un charme original, désuet et disparate, la villa Castel est un ensemble typique du vieux Belleville : locaux d'habitation modestes flanqués d'ateliers et de jardinets minuscules. Le quartier possédait trois « villas » de ce genre : la villa Ottoz, dont les derniers pavillons furent (5) . . . . . en 1977 au profit d'un espace vert ; la villa Faucheur, à la fois cité-jardin et cité artisanale, (6) . . . . . pour la construction d'une H.L.M. mauve horrible, et enfin la villa Castel.

On comprend que le C.L.A.D. 20, la commission d'arrondissement, les élus et les associations de quartier se soient (7) . . . . . pour demander le classement de cette dernière qui était (8) . . . . . au P.O.S. comme réserve pour la création d'un espace vert.

A la suite de leurs démarches, le Conseil de Paris a (9) . . . . . à l'unanimité en 1978 un avis favorable pour l'inscription à l'Inventaire des sites et cette inscription est (10) . . . . . effective en octobre 1979.

Mais, entre temps, la société OFIBA, de promotion immobilière, a (11) . . . . . la villa dans sa totalité, la Ville de Paris n'ayant pas à l'époque fait jouer son droit de préemption.

Les associations de quartier se demandent maintenant si elles n'ont pas, tout en sauvegardant le site, (12) . . . . . les habitants de sa jouissance car le promoteur est en train de vendre les pavillons par lots à un prix inaccessible pour les occupants.

Elles ont (13) . . . . . à Jacques Chirac au de début février pour demander que les représentants de la municipalité prennent l'option d'acquérir la villa dans un objectif social conforme à la politique que le maire a (14) . . . . . en matière de logement.

Le Figaro, 7 mars 1980

classer :
(1) . . . .

doter :
(2) . . . .

faire :
(3) . . . .

demander :
(4) . . . .

démolir :
(5) . . . .

massacrer :
(6) . . . .

mobiliser :
(7) . . . .

inscrire :
(8) . . . .

voter :
(9) . . . .

devenir :
(10) . . . .

racheter :
(11) . . . .

priver :
(12) . . . .

écrire :
(13) . . . .

définir :
(14) . . . .

LES ETOFFEMENTS DE LA PHRASE SIMPLE

Groupes prépositionnels

Gr 7/1 *

Associez un élément de chacune des trois colonnes de façon à obtenir huit phrases correctes.

1 Il y a dans *Le Monde* un article intéressant	**a** sans	**A** ce nouveau réglement.
2 Je n'ai pas pu laver le linge C B	**b** de	**B** la coupure de courant.
3 Je ne m'intéresse pas beaucoup H	**c** à cause de	**C** un de ses amis.
4 Etes-vous satisfait	**d** depuis	**D** la politique.
5 Il a trouvé un emploi comme journaliste	**e** sur	**E** deux heures de retard.
6 Il est rentré	**f** grâce à	**F** le Marché Commun.
7 J'ai trouvé cet article	**g** avec	**G** une heure.
8 Je t'attends	**h** à	**H** grand intérêt.

1	E	F
2	C	B
3	H	D
4	B	A
5	F	C
6	G	E
7	A	H
8	D	G

Dans les phrases qui suivent, remplacez la conjonction et la proposition subordonnée par une préposition et un groupe nominal.

Ex: Je lui téléphonerai dès qu'il rentrera.
Je lui téléphonerai dès son retour.

1 Nous sommes restés à la maison parce qu'il ne faisait pas beau.

. . . .

2 C'est parce qu'il a travaillé avec acharnement qu'il a réussi.

. . . .

3 Pendant que nous étions en train de déjeûner, il s'est mis à pleuvoir.

. . . .

4 Si les ouvriers agricoles n'avaient pas voté pour lui, jamais il n'aurait été élu.

. . . .

5 Aussitôt que l'avion aura décollé, un film sera projeté.

. . . .

6 Dans le cas où nous aurions un accident, Europe-Assistance nous rapatrierait.

. . . .

Gr 7/3
** **

Vous avez mis les petites annonces qui suivent dans le journal. Imaginez ce que vous diriez à quelqu'un qui vous téléphone pour avoir plus de renseignements. Attention aux prépositions utilisées.

Ex: C'est un abri de jardin, à l'état neuf.
Il est en aluminium... etc.

SDV 873 Vds abri jard. ét. nf, alu 3 × 2 m, 1 500 F. Tondeuse gazon 45 cm, 500 F. Tél. 544-32-23.

* * *

PDV 836 Table rde diam. 120 laq. blanc 500 F, table basse bois 400 F, table, 2 ch. 4 tabour. de cuis. 600 F. 222-15-81 apr. 20 h ou w.e.

* * *

SDV 874 Salopette ski enft 14 ans, genoux renforcés, orange, 80 F. 245-25-25.

SDV 688 Vds cours fr. compren. magnéto livres bdes ét. nf, 1 250 F. Tél. 322-78-42 apr. 19 h.

* * *

SDV 859 Vds s. à mang. noyer, tr. b. ét., buff. 2,20 m, table 1,60 m, rall., 6 ch., 1 800 F. Tél. 528-14-17.

* * *

SAM 275 Vds RT 5 TL beige, intér. drap, fx recul, vitr. arr. chauff., ess. glace, 4 000 km, 6 mois garant. 22 700. Tél. 652-44-17.

* * *

SDVN Part. vd orgue Hammond type Aurora, val. 34 000 vend. 28 000. Tél. 334-88-65 le soir à part. 18 h.

Compléments circonstanciels

Gr 7/4
*

Associez un élément de chaque colonne de façon à obtenir huit phrases correctes.

a Il a trouvé un travail à mi-temps

b Cela m'ennuie que vous vous donniez tant de mal

c Il a toujours le sourire

d Elle a été fort désagréable

e Il a réussi

f Nous prenons toujours nos vacances

g Nous nous sommes quittés

h Je suis parfaitement libre : je suis à Paris

A pour mon plaisir

B pour moi

C avec regret

D à force de travail

E en Septembre

F le matin

G par jalousie

H en dépit de ses problèmes

a . . . . .   b . . . . .   c . . . . .   d . . . . .   e . . . . .   f . . . . .   g . . . . .   h . . . . .

Gr 7/5
**

Vous partez en Irlande et vous expliquez à un ami la formule que vous avez choisie. Utilisez autant de compléments circonstanciels que possible.

Ex : On peut aller . . . . pour . . . .

On loge . . . .

Avec . . . .

Séjour dans une ferme irlandaise avec une voiture à votre disposition

PRIX PAR PERSONNE (Formule Voiture + Ferme)				
Si vous partagez la voiture à (Base Ford Escort)	Avant le 30 juin Après le 29 septembre		Du 30 juin Au 29 septembre	
	1 semaine	Sem. suppl.	1 semaine	Sem. suppl.
4 personnes	1.560 F *	595 F	1.580 F	630 F
3 personnes	1.605 F	650 F	1.640 F	690 F
2 personnes	1.700 F	750 F	1.750 F	790 F

Réduction départ de Rennes : 100 F. Supplément départ de T...bes : 400 F.

Supplément par personne
● départs du 28 juillet au 4 août : 100 F.
Prix Enfants
● jusqu'à 2 ans prix forfaitaire : 150 F.
● de 2 à 12 ans réduction : 370 F.
Acompte à l'inscription :
500 F. par personne.

Notre prix comprend
● le transport par avion Paris ou Rennes Cork ou (Paris ou Tarbes/Dublin) et retour.
● la location de la voiture formule kilomé-

trage illimité.
● la 1/2 pension
● l'hébergement en ferme en chambre double pour 7 nuits.

Notre prix ne comprend pas
● les frais de dossier et assurances
● l'essence
● l'assurance voiture
● 1 repas par jour
● les boissons
● les frais personnels.

Coll Guides, Delta Flammarion

Pour faire ces mots croisés, complétez les phrases ci-dessous avec les adverbes de quantité et d'intensité qui conviennent.

Horizontalement

1 Le garage a été . . . . détruit par l'incendie.

3 Je ne suis pas . . . . . riche pour acheter une Cadillac.
Cet appartement n'est pas . . . . ., mais je préfère celui que nous avons visité hier.

4 Nous avons . . . . marché que nous sommes rentrés épuisés.

6 Ils ne vont pas . . . . au cinéma depuis qu'ils ont acheté une télévision.

9 Vous avez . . . . . raison, et je ne comprends pas leur point de vue.

Verticalement

1 Vous auriez dû y penser avant: j'ai . . . . peur qu'il ne soit trop tard.

2 Il y avait . . . . . peu de preuves qu'il a été acquitté.

4 Attends deux minutes: j'ai . . . . fini.

6 Il fait . . . . . chaud pour sortir à cette heure-ci.

7 Pour le moment, il est . . . . inconscient, mais les médecins n'ont pas perdu tout espoir de le sauver. (*4 premières lettres*)

10 Le restaurant est à . . . . plus cher que celui où nous allions, mais la cuisine y est pourtant bien meilleure.

12 Elle est . . . . peureuse qu'elle ne veut jamais sortir le soir.

Gr 7/7
**
Regardez ce dessin et complétez les phrases qui suivent. Puis, faites autant de phrases que possible pour décrire la scène en employant des adverbes de quantité et d'intensité.

1 Le choc a été si fort . . . .

2 Tout le monde a l'air complètement . . . .

3 Il y a eu beaucoup . . . .

4 Le train allait trop . . . .

5 Presque tous les passagers . . . .

6 Il y a une personne à gauche qui a l'air à demi . . . .

Gr 7/8
***

Complétez la recette suivante avec les adverbes donnés entre parenthèses.

PATISSERIE
La recette de la semaine : le Progrès

Proportions :
Amandes émincées : 150 grammes
Sucre en poudre : 200 grammes
Blancs d'œufs : 5

Battez les blancs en neige ferme et ajoutez-y le sucre et les amandes. Mélangez le tout. *(bien - ensemble)*. La pâte est facile à faire *(très)*. Beurrez et farinez la tôle, et étalez la pâte dessus en quatre ou cinq galettes d'un centimètre d'épaisseur *(soigneusement - environ)*. Pour qu'elles soient toutes de même dimension, tracez sur la tôle farinée des cercles ayant la dimension des galettes et étalez la pâte dans ces empreintes *(exactement - régulièrement)*. Comme vous ne pouvez pas faire cuire cinq galettes sur la même tôle, faites-les cuire en deux fois : la pâte peut attendre. Chauffez votre four quinze minutes à l'avance, puis après dix minutes de cuisson, réduisez la chaleur *(assez fortement - un peu)*. Laissez sécher ces galettes de pâte huit à dix minutes *(bien - encore)*. Décollez-les et découpez la pâte qui dépasse du cercle *(ensuite)*. Quand elles sont refroidies, montez votre gâteau en mettant entre vos galettes une couche de crème au beurre au chocolat *(tout à fait - soigneusement)*. Masquez le gâteau et appliquez dessus des amandes émincées et grillées *(aussi - finement)*.
Laissez le Progrès au frais un jour ou deux. Il sera meilleur...

Gr 7/9
***

Racontez l'histoire suggérée par les dessins qui suivent en utilisant autant d'adverbes que possible et au moins les adverbes suivants :

Malheureusement, immédiatement, tout de suite, toujours, heureusement, très, si, tellement, absolument, pourtant, néanmoins, en effet, trop, encore.

1

2

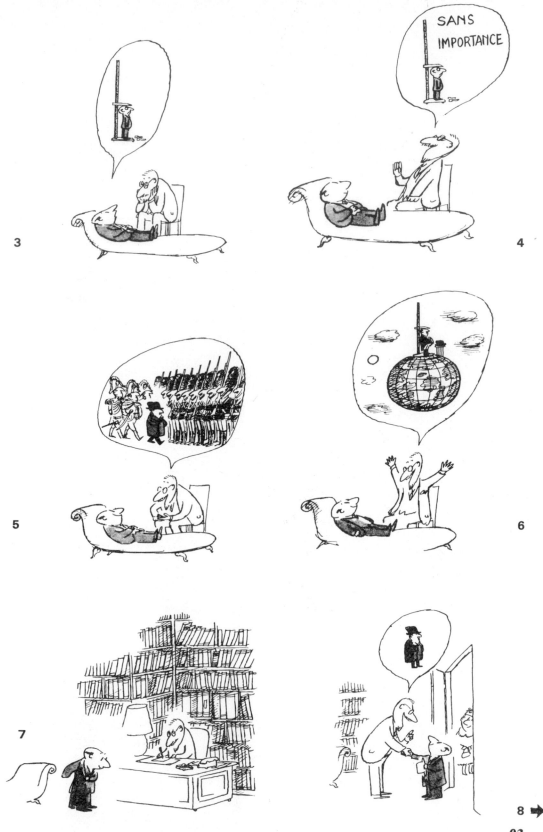

9

10

11

Mots de liaison

Gr 7/10
*
O—

Complétez les phrases suivantes avec le mot de liaison qui convient.

1 Il fait du jogging tous les matins . . . . de son âge.
   a cependant   b malgré   c en dépit   d néanmoins

2 Il est venu faire ses études à Paris . . . . les cours y sont meilleurs.
   a en effet   b car   c en raison   d si

3 Je n'aime pas le théâtre de Victor-Hugo, ... j'aime assez ses romans.
   a en revanche...   b aussi   c d'ailleurs   d du reste

4 Cela fait 110 F d'essence plus 54 F d'huile, ... 164 F en tout.
   a ainsi   b aussi   c soit   d alors

5 . . . . vous me l'aviez dit, il est trop occupé pour venir.
   a comme si   b comme   c ainsi   d tel que

6 Je dois faire venir le couvreur : . . . . nous avons eu une tempête si forte que
   plusieurs ardoises sont tombées.
   a en effet   b d'ailleurs   c en outre   d par suite

7 Nous avions prévu une salle pour une cinquantaine de personnes, ... plus de
   cent sont venues, ... nous avons dû changer au dernier moment.
   a alors   a c'est-à-dire
   b donc   b si bien que
   c en revanche   c or
   d or   d sans que

8 Non seulement il fait chaud . . . . il fait également très humide.
   a pourtant   b et   c de plus   d mais

Gr 7/11
**
O—

Reliez un élément de chacune des trois colonnes de façon à obtenir huit phrases correctes.

1 Ils ont voté la grève	a néanmoins	A ont-ils fait grève.
2 Ils sont allés voir le professeur	b comme si	B il a réussi son examen.
3 Il n'était pas bon en mathématiques	c en dépit	C d'une forte opposition.
4 Il a réussi deux de ses examens	d à savoir	D il n'était pas concerné.
5 Il n'a rien fait pendant toute l'année	e parce que	E il a dû redoubler sa classe.
6 Il a eu une bonne note en français	f en revanche	F leur fils avait des problèmes.
7 Il a refusé de faire grève	g c'est pourquoi	G d'une forte opposition.
8 Ils considèrent leurs conditions de travail très mauvaises	h aussi	H celui de maths et celui de physique.

Gr 7/12
*
0—⚏

Complétez l'article qui suit avec les mots de liaison qui conviennent :

D'où, pour, soit, or, car, ainsi que, en effet, avant, mais, donc, en raison de.

CHOISIR – ACHETER

Alcools : l'ivresse des taxes

Les taxes sur les alcools, ▭ nous l'avions annoncé en son temps, ont augmenté de 20 % à dater du 1er février. Au stade du consommateur ce n'est qu'à partir de cette semaine — ▭ temps d'épuisement des stocks — que cette hausse va être sensible.

Selon les points de vente, les prix d'une bouteille de whisky ou d'apéritif anisé, ▭ ne prendre que ces deux exemples, va, par contrecoup, subir un coup de pousse qui se situe, au minimum entre 5 et 7 francs.

▭ le consommateur doit savoir que les seules taxes sur les alcools représentent entre 75 et 80 % de leur prix de vente.

Voici, ▭ l'histoire chiffrée d'un litre d'alcool pur à 90 degrés que nous prendrons pour base de nos calculs (ensuite seulement nous réduirons son degré alcoolique pour le consommateur).

▭ un litre d'alcool pur à 90° coûte, au départ, 2 F le litre (moins cher qu'un litre de lait au détail !). En fait, c'est là le « prix de cession des alcools réservés à l'État ».

A ces modestes 2 F s'ajoutent les droits de l'État sur la fabrication des boissons alcoolisées, ▭ 25,30 F par litre (vingt-cinq francs trente, mais oui !)

Ce n'est pas fini ▭ les droits sur la consommation s'élèvent, quant à eux, à 51,25 F. ▭ : prix total de ce litre d'alcool pur ▭ d'avoir subi les coûts de fabrication et de distribution : 2 F + 25,30 F + 51,25 = 78,55 F.

Certains pourront penser avec regret que, sans ces taxes, une bouteille de whisky ordinaire pourrait être vendue au consommateur à moins de 10 francs... ▭ on peut aussi considérer que les taxes sur l'alcool représentent actuellement 1,2 % du budget national, impôts indirects qui soulagent la facture des directs.

Rosemonde Pujol.

Le Figaro, 27 février 1980

Gr 7/13
***

Voici un problème logique. Lisez-le et essayez de le résoudre sans regarder la solution. Si vous pensez l'avoir trouvée, expliquez-la à vos camarades en utilisant autant de liens logiques que possible (*Ex: parce que, donc, d'abord, ensuite, etc.*)

Qui est le meurtrier ?

Un soir, un crime est commis dans un appartement parisien. Quatre personnes l'habitent : Monsieur et Madame Albert, leur fils et leur fille. Le meurtre a forcément été commis par l'une de ces quatre personnes. Un membre de la famille a assisté au crime. Un autre a aidé le meurtrier.

Voici ce dont on est sûr:

1 La personne qui a assisté au crime et celle qui a aidé le meurtrier ne sont pas du même sexe.
2 La personne la plus âgée et celle qui a assisté au crime ne sont pas du même sexe.
3 La personne la plus jeune et la victime ne sont pas du même sexe.
4 La personne qui a aidé le meurtrier était plus âgée que la victime.
5 Le père était le membre le plus âgé de la famille.
6 Le meurtrier n'était pas le membre le plus jeune de la famille. Qui est le meurtrier?

Voici la solution au cas où vous ne l'auriez pas trouvée. Mais elle est incomplète. Lisez attentivement le texte qui suit en essayant de suivre le raisonnement et complétez-le avec les mots de liaison qui conviennent.

Solution

Vous savez trois choses sur la victime: . . . . vous savez que la personne la plus jeune n'est pas la victime (*affirmation 3*). . . . ., (*affirm. 4*) vous savez que la personne la plus jeune ne peut pas être celle qui a aidé le meurtrier. . . . ., d'après l'affirmation 6 vous savez que la personne la plus jeune n'était pas le meurtrier. Vous pouvez . . . . en conclure que la personne la plus jeune doit être celle qui a assisté au crime.

D'après l'affirmation 5 vous savez que le père est le membre de la famille le plus âgé. L'affirmation 2 vous apprend que la personne la plus jeune doit être la fille . . . . n'est pas du même sexe que le père.

Il vous est . . . . maintenant possible de remplir ce tableau:

âge   + ↑ père =
             =
             =
    - | fille = personne qui a assisté au crime

Il reste maintenant trois possibilités pour le meurtrier.

. . . . supposons que c'est le père. D'après l'affirmation 4, la mère aurait . . . . aidé le meurtrier et le fils serait la victime. . . . ., cela est impossible . . . . de l'affirmation 1.

Le meurtrier est donc . . . . le fils, ... la mère.

Supposons que le fils est le meurtrier. . . . .
. . . .

Terminez maintenant la solution.

Propositions relatives

Gr 7/14

✱✱

En associant des éléments des colonnes, A, B, C et D, composez dix phrases correctes.

A	B	C	D
1 Je connais quel-qu'un	près	auquel	**a** je t'écris est tout au bout de la maison.
2 L'ingénieur	avec	quoi	**b** nous passions nos vacances.
3 Les amis	à	où	**c** je me suis adressée n'a rien pu faire.
4 Le livre	o	que	**d** je pense, c'est aux prochaines vacances
5 La revue		d'où	**e** j'ai pris la référence est en bibliothèque.
6 La chambre		lequel	**f** est spécialiste de cette question.
7 La bibliothèque		de laquelle	**g** je voulais inviter ne sont pas libres demain soir.
8 L'étudiant		qui	**h** tu penses est épuisé depuis longtemps.
9 Ce		dont	**i** je travaille donne sur le parc.
10 C'est la ville			**j** nous avons déjeuné est en deuxième année de droit.

Gr 7/15

✱✱

Regardez le dessin suivant et choisissez l'un des personnages. Sans le montrer, décrivez-le de telle façon que l'on puisse trouver à qui vous pensez.

Ex: C'est le monsieur qui est assis...   qui pense à...   que regarde...

Propositions subordonnées

Gr 8/1
** **
O━━

Complétez les phrases qui suivent avec le verbe donné entre parenthèses, au temps qui convient.

1 Ne fais rien tant que tu n'. . . . . pas reçu mon télégramme. (*avoir*)

2 Après la publication de cet article injurieux, il a écrit au journal pour qu'on lui . . . . (*faire des excuses*)

3 A moins qu'il ne . . . . obtenir son visa, il viendra nous rejoindre en août. (*pouvoir*)

4 J'aurais voulu lui faire comprendre sans qu'il le . . . . mal. (*prendre*)

5 Il a beaucoup plu si bien que les fruits . . . . pourri sur les arbres. (*avoir*)

6 En attendant qu'il . . . ., asseyez-vous; je vais faire du café. (*revenir*)

7 Pour peu que tu . . . . t'absenter ce soir-là, que ferai-je? (*devoir*)

8 Quand bien même tu . . . ., il n'y aurait pas de problème. (*s'absenter*)

Gr 8/2
** **
O━━

Réécrivez les phrases qui suivent en utilisant les conjonctions données entre parenthèses.

1 S'il vient, dites-lui que je l'attends dimanche. (*A supposer que*) *AU CAS OÙ*

2 Tant que notre téléphone ne sera pas installé, nous serons obligés d'utiliser celui du voisin. (*En attendant que*)

3 Nous n'avons pas reçu de ses nouvelles, peut-être parce qu'il a été malade, peut-être parce que la lettre s'est perdue. (*soit que... soit que*) *AIT*

4 Même avec le changement de gouvernement, les prix continuent à monter. (*bien que*)

5 J'ai acheté cet appartement et mon mari ne le sait pas. (*Sans*)

6 Montre-leur les photos avant leur départ. (*avant que*)

7 Au cas où tu raterais ton examen, tu ne pars pas en vacances. (*à condition que*)

8 Je lui ai envoyé 500 F, ce qui lui permettra de rentrer. (*afin que*)

Gr 8/3
** **
O━━

Combinez un élément de chaque colonne de façon à obtenir huit phrases correctes.

c E **1** Pour peu qu'	**a** il ne sera pas là	**A** il a envoyé un télégramme.
e D **2** S'	**b** il arrive	**B** nous ne pourrons pas faire de plans.
f B **3** A moins qu'	**c** il soit en retard	**C** je suis sûre qu'il viendra.
a E **4** Tant qu'	**d** il ne vienne pas	**D** nous serons en retard.
b G **5** Jusqu'à ce qu'	**e** il n'est pas là à 10 h	**E** nous aurons attendu pour rien.
g A **6** Pour	**f** il n'arrive de bonne heure	**F** nous l'attendrons.
f A **7** De crainte qu'	**g** prévenir qu'il ne reviendrait pas	**G** nous ne pouvons faire aucun plan.
c F **8** Bien qu'	**h** il n'oublie de venir	**H** il lui a envoyé un télégramme.

Vous avez accepté de prêter votre maison à des amis pendant les vacances et avant de partir, vous leur téléphonez pour leur faire un certain nombre de recommandations. Voici ce que vous avez noté sur votre carnet. Que leur direz-vous? Utilisez autant de subordonnées que possible.

Que recommanderiez-vous d'autre si vous prêtiez votre propre maison ou appartement pendant les vacances?

Gr 8/5
* * *

Les dessins qui suivent vous indiquent quelques méthodes pour choisir vos cadeaux avant les fêtes de fin d'année. Décrivez en quoi consiste chacune de ces méthodes en utilisant au moins une subordonnée de but, de conséquence ou de manière à chaque fois.

Ex.: On peut menacer la personne d'un revolver pour qu'elle vous dise ce qu'elle veut.

Montrez ensuite les inconvénients possibles de chaque méthode.

Ex.: Cette méthode est parfaite pourvu que...
bien que...

LA METHODE FORTE

LA METHODE SPIRITE

LA METHODE HASARD

LA METHODE REPOSANTE

LA METHODE "TERMINAL"

LA METHODE PROPRE

LA METHODE AUTOMATIQUE

LA METHODE ULTIME

C'EST LE GESTE QUI COMPTE !

Gr 8/6
***
O━┳

Lisez les phrases suivantes et déterminez la fonction des propositions subordonnées.

	sujet	OD	OI	compl. nom	compl. adj.	compl. circ.
A Le patron était furieux que tu sois déjà partie.						
B Je ne peux pas m'empêcher d'imaginer ce qui se serait passé si j'avais oublié mon passeport.						
C Qu'il se soit trompé de lieu et d'heure est tout à fait significatif.						
D C'est un endroit charmant, à condition qu'il ne pleuve pas.						
E Il est parti faire une escalade que je trouve bien dangereuse, encore que ce soit pas la première fois qu'il la fasse.						
F Te souviens-tu de ce qu'il nous a dit d'apporter ?						
G Le fait que les élections présidentielles approchent rend les hommes politiques particulièrement agressifs.						
H N'oubliez pas de téléphoner à M. Dupuis avant qu'il ne parte.						

Gr 8/7

**

Réunissez une proposition de la colonne A et une proposition de la colonne B de façon à obtenir des phrases correctes et sensées.

	A		B
1	Si tu le grondais pour de bon,	a	descendez à la cave.
2	Si vous sortez de bonne heure,	b	mieux vaudrait trouver une autre solution.
3	Si vous étiez resté à Paris,	c	je serai à la gare à l'heure.
4	A votre place,	d	il ne recommencerait plus.
5	S'ils ne veulent pas me donner une autre chambre,	e	nous aurions pu aller au cinéma ensemble.
6	En cas d'alerte,	f	j'insisterais pour qu'on me rembourse.
7	A moins d'un empêchement de dernière minute.	g	je me serais trompée d'adresse.
8	S'il n'y avait pas eu cet incident stupide,	h	passez prendre le thé chez moi.
9	Si Jean ne m'avait pas téléphoné,	i	je leur demanderai de me rembourser.
10	En admettant qu'il refuse.	j	je serais arrivé à la gare à l'heure.

1	2	3	4	5	6	7	8	9	10
H	E	F	I	A	C	J	G	B	

Gr 8/8

**

Faites des phrases en utilisant les suggestions données ci-dessous.

Ex. :

Condition = soleil + travail terminé

Conséquence = pique-nique

S'il y a du soleil et que le travail soit terminé, nous irons pique-niquer cet après-midi.

Condition	Conséquence
1 voiture réparée	départ mardi
2 plus d'embouteillage + essence plus chère	autres façons de se déplacer
3 neige	ski
4 hausse du prix de l'essence	utilisation des transports en commun
5 retard + avion raté	coup de téléphone
6 bons discours + inspirer confiance	candidat élu
7 fièvre + temps froid	rester chez soi
8 être à Madrid + temps libre	dîner ensemble

Gr 8/9
**

Faites autant de phrases que possible en imaginant ce que la dame sur ce dessin peut bien demander d'autre à son mari *(vaisselle, courses, travaux...)* et ce qu'elle lui promet pour qu'il accepte.

Utilisez l'une des deux structures suivantes :

Si tu . . . . . *(présent)*, je . . . . . *(futur)* . . . . .
Si tu . . . . . *(imparfait)*, je . . . . . *(conditionnel)* . . . . .

— Si tu descends acheter du sucre, je te laisserai nous raconter Verdun

(a)

(b)

(c)

à Monique Ferraud
11 rue de Verdun

Ma chère Monique

Je t'envoie cette lettre dans une bouteille en espérant que tu la recevras un jour. Si jamais on m'avait dit en arriver là...
Tu me crois probablement noyé à l'heure qu'il est et je ne serais certainement pas en vie si je n'avais pu m'accrocher à une vieille planche... Je suis maintenant sur une petite île, inhabitée je crois, mais je n'en suis pas sûr car la forêt vierge cache tout. Si seulement j'avais un couteau, ce serait plus facile d'explorer l'île et si elle pouvait être habitée, je serais bientôt avec toi. Et moins qu'elle ne le soit par des cannibales.
J'ai aperçu un avion hier et j'ai essayé de faire des signaux mais il était trop loin. Si j'avais sur moi des vêtements de couleur vive... Pour l'instant, je vis de fruits, mais si cela continue longtemps, je n'aurai plus de forces. Un bateau passera peut-être, c'est mon seul espoir, mais je n'en n'ai pas encore vu et je n'irai pas bien loin sur un radeau. Si seulement le bateau avait pu sombrer ailleurs.... Je dois être quelque part au large de la côte de la Guyane.

Je t'embrasse de tout mon cœur en espérant te retrouver bientôt.

François

1 Soulignez toutes les phrases exprimant une condition et une conséquence.

2 Quelles sont les trois structures utilisées?

	Condition		**Conséquence**
a	présent	. . . . →	
Ex.:			
b	imparfait	. . . . →	
Ex.:			
c	plus-que-parfait	. . . . →	
Ex.:			

3 Quelle structure *(a, b ou c)* est utilisée pour parler
   - d'une chose impossible car elle n'a pas été réalisée: . . . .
   - d'une chose qui peut se réaliser: . . . .
   - d'une chose qui pourrait se réaliser bien que ce soit peu probable: . . . .

4 Quel temps est employé après «à moins que»? . . . .

5 Trois des phrases de la lettre ne sont pas terminées *(elles sont indiquées dans la marge)*. Pouvez-vous les terminer?

   a . . . .
   b . . . .
   c . . . .

Gr 8/11

* * *

Voici le plan de l'île où se trouve François Ferrand *(voir exercice n° 10)*. La croix désigne l'endroit où il est.
En utilisant autant de conditions que possible, imaginez tout ce qui peut lui arriver s'il cherche à découvrir l'île ou à la quitter.

Ex.: S'il veut traverser la rivière à la nage, ...

Imaginez également tous les autres dangers qu'il pourrait courir.
Imaginez à quelles conditions il pourra quitter l'île sain et sauf.

Ex. : Si . . . . *et que* . . . ., ...

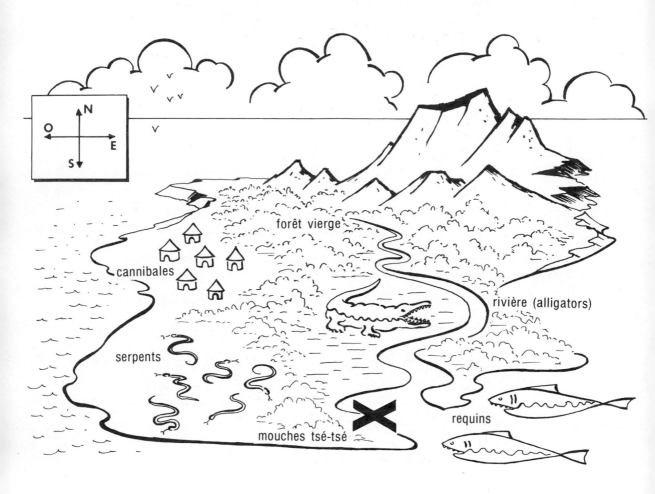

Comparaison

Gr 8/12
* * *
O━

Récrivez les phrases suivantes de façon à avoir à chaque fois une subordonnée de comparaison. Utilisez les mots donnés entre parenthèses.

1 Nous avons eu le beau temps que vous nous aviez prédit. *(comme)*

. . . .

2 Je ne l'imaginais pas comme cela. *(autre que)*

. . . .

3 Les prix augmentent malheureusement aussi vite que les salaires. *(plus)*

. . . .

4 J'ai visité l'appartement de mes rêves cet après-midi. *(comme)*

. . . .

5 Le fait qu'il avait un travail cette année rend son succès encore plus méritoire. *(d'autant plus que)*

. . . .

6 Je croyais ce livre intéressant, mais j'ai été déçue. *(aussi . . . . . que)*

. . . .

7 Nous ne vivons pas de la même façon. *(autrement que)*

. . . .

8 Nous avons eu un accident de voiture qui nous a retardés : c'est ce que je t'avais écrit. *(comme)*

. . . .

Gr 8/13
* *

Vous passez une semaine de vacances à Chamonix. Le tableau ci-dessous vous indique ce à quoi vous vous attendiez et ce que vous avez trouvé. En comparant ces éléments, faites autant de phrases que possible pour décrire vos vacances. Utilisez à chaque fois une conjonction marquant l'opposition ou la similitude.

Ex. : comme / ainsi que / de même que / contrairement à ce que / tandis que / alors que...

		en fait :
d'après le guide	petite ville calme et pittoresque	des centaines de touristes
	vue superbe sur le Mont Blanc	brume : jamais visible
	bien exposée	pluie et brouillard la plupart du temps
	hôtel	excellent hôtel
d'après vos amis	station de sports d'hiver très chère	prix bien supérieurs à ceux des villages voisins
	il faut une voiture pour les excursions	voiture nécessaire
	très bonne fondue au restaurant « Le Chamois »	très cher - très moyen
ce que vous imaginiez	de la neige toute l'année	plus de neige après Pâques
	vous faire beaucoup d'amis	vous avez rencontré beaucoup de Français très sympathiques à l'hôtel
	une ville à très haute altitude	à 2 500 m

Proposition infinitive

Gr 8/14
*
O━┓

Choisissez la phrase qui convient pour chacune des situations suivantes.

1 Mon fils George est parti ce matin pour un mois. Mon mari était si furieux après leur discussion d'hier soir qu'il n'a pas voulu lui dire au revoir.

   a George est parti sans dire au revoir.

   b George est parti sans qu'il lui dise au revoir.

2 Voici deux jours que votre fils vous réclame de l'argent pour s'acheter des disques. Vous voulez avoir la paix et conseillez à votre mari de céder.

   a Donne-lui de l'argent pour qu'il n'ait pas de problèmes.

   b Donne-lui de l'argent pour ne pas avoir de problèmes.

3 Vous devez conduire une amie au bureau où elle a un rendez-vous important.

   a Je partirai de bonne heure de peur d'arriver en retard.

   b Je partirai de bonne heure de peur qu'elle n'arrive en retard.

4 Vous vous apercevez avec plaisir que vous avez involontairement aidé quelqu'un qui avait des problèmes.

   a Je l'ai aidée sans le savoir.

   b Je l'ai aidée sans qu'elle le sache.

5 Vous attendez la réponse de quelqu'un pour inviter plusieurs amis chez vous.

   a A moins de répondre tout de suite, nous ne pourrons pas organiser cette réunion.

   b A moins qu'il ne réponde tout de suite, nous ne pourrons pas organiser cette réunion.

8/15
***

Voici l'emploi du temps de deux personnes. La police les interroge afin de s'assurer qu'elles ne se contredisent pas par rapport à l'emploi du temps qu'elles ont déjà donné, l'une d'elles étant vraisemblablement coupable.
Regardez ces emplois du temps quelques minutes, puis refermez votre livre. Travaillez par groupes de quatre, deux d'entre vous étant de la police et posant des questions *(Ex. : Etes-vous sorti avant ou après avoir... / qu'il ait... - vous pouvez regarder votre livre pour poser ces questions -)*, les deux autres jouant le rôle des deux personnages accusés et ne pouvant regarder leur livre à nouveau.

JEUDI JANVIER	**2**	Mme Leroux et M. Berge travaillent dans des bureaux adjacents
M. BERGE		Mme LEROUX

M. BERGE		Mme LEROUX
	8	
	30	
Arrivée bureau →	9	← Arrivée bureau
Téléphone	30	
Secrétaire apporte courrier	10	Rendez-vous avec M. Lejeune (dans son
	30	bureau)
Lettres dictées à secrétaire	11	
	30	Lecture et réponse courrier
Travail sur dossier 19	12	
12.20 Coup de tél. à Patrick	30	Visite du nouveau laboratoire (3e étage)
	13	
Déjeuner : cantine	30	Déjeuner : (café de la Mairie)
	14	
Travail sur dossier 19	30	Écriture rapport sur le nouveau
M. Lejeune est passé	15	laboratoire
10 minutes vers 3 heures	30	
Réunion avec Mme Leroux	16	Réunion avec M. Lejeune
	30	
Rédaction rapport (dans mon bureau)	17	Coups de téléphone (dans mon bureau)
	30	
Départ →	18	← Départ
	30	
	19	
	30	
	20	

Concordance des temps

Pour faire ces mots croisés, complétez les phrases qui suivent avec le verbe donné entre parenthèses au temps qui convient.

Horizontalement

1 Nous . . . . que vous veniez plus souvent. *(vouloir)*

2 Elle ne voulait pas qu'il . . . . sans avoir fait son testament. *(mourir)*

4 Il veut que son fils . . . . médecin. *(devenir)*

6 Il vient de me demander si . . . . fini mon travail dans une heure. *(avoir)*
On m'a dit qu'il a . . . . renvoyé le mois dernier. *(être)*

7 Je sais qu'il . . . . bien en apprenant cela. *(rire)*

8 Même chose que 6) 2
J'aurais aimé qu'il . . . . se reposer mais il a voulu sortir avec ses amis. *(aller)*

9 J'ai confiance car je sais qu'il . . . . toujours la vérité. *(dire)*.

10 Il nous a raconté comment il . . . . le temps. *(tuer)*
Je sais que tu . . . . beaucoup de soucis en ce moment, mais j'aimerais te voir. *(avoir)*

Verticalement

1 Je pensais que ces disques . . . . plus, mais ils étaient en solde *(valoir)*

3 Il faudra qu'il se . . . . la ceinture pendant encore quelques années. *(serrer - trois dernières lettres)*.

4 A sa voix, je . . . . qu'il voulait venir. *(deviner)*

5 Je pensais qu'il . . . . à l'Université. *(aller)*

6 Je crois que nous . . . . à Lyon en train plutôt qu'en avion.
Je voudrais qu'il . . . . son bac. *(avoir)*

9 Je pense que vous y . . . . très bien reçus. *(être)*

Style indirect

Gr 8/17
* Mettez les phrases suivantes au style indirect en commençant chaque phrase par une proposition à l'imparfait, au passé simple ou au passé composé.

Ex.: Il a demandé . . . .

Il voulait savoir . . . .

Il disait . . . .

a La semaine dernière à cette heure-ci nous étions à New York.

b Est-ce que tu peux me prêter un peu d'argent? J'ai oublié de passer à la banque.

c Nous allons tous devoir faire des économies d'énergie l'année prochaine.

d J'ai pris le nouveau train Paris-Lyon. Cela ne vaut plus la peine de prendre l'avion maintenant.

e Quand viendrez-vous nous rejoindre?

f Pouvez-vous venir dîner à la maison demain?

g Téléphonez-moi dès que vous rentrerez.

h Nous prendrons une tasse de thé tout à l'heure.

Gr 8/18
** Faites correspondre chacune des phrases données ci-dessous à une des flèches du schéma. Le point de départ de la flèche indique le moment de parole, l'autre extrémité le temps de la proposition surbordonnée.

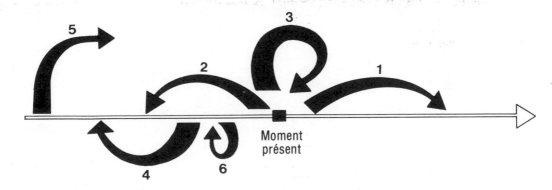

	Je suis sûre qu'il n'était pas encore rentré samedi dernier.
	Je sais qu'elle a horreur de prendre l'avion.
	Je voudrais qu'il vienne demain.
	Je trouvais qu'elle avait fait une bonne affaire.
	J'ai appris qu'il était marié à une Australienne.
	J'étais sûre qu'il allait se passer quelque chose.

Tante Marie vit seule avec son neveu Marc et sa nièce, Agnès. Ils attendent la visite d'un cousin éloigné qui devait venir le matin mais n'est pas venu. A 15 h 30, la femme de ménage qui vient trois fois par semaine découvre un corps à la cave. La personne est morte depuis quelques heures et il s'agit du cousin que la famille attendait. La police interroge chacun des membres de la famille qui dit ne pas comprendre et n'avoir pas vu leur cousin arriver.

Voici l'emploi du temps de chacun d'entre eux, tel que l'a noté un des agent. Comment cet agent racontera-t-il au commissaire ce qu'a dit chaque personne ?

Ex.: *Mme Pomfret* (la tante) *a dit qu'elle s'était réveillée à* . . . . . *et qu'elle* . . . . . .

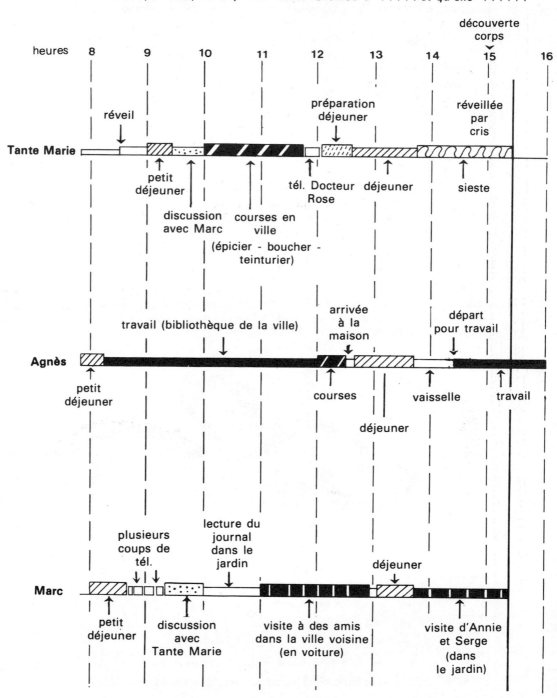

Imaginez pourquoi le monsieur à l'air en colère sur le premier dessin et très étonné sur le second. Utilisez le style indirect.

Ex.: Il a lu que...
Sa femme lui a demandé si...

Autocorrection des exercices de grammaire portant l'indication ⚷

1/ 1 Elles sont rentrées comment? Comment est-ce qu'elles sont/sont-elles rentrées
Il roule à combien? A combien roule-t-il?/est-ce qu'il roule?
Ils viennent de Paris. Ils viennent d'où? D'où viennent-ils?/est-ce qu'ils viennent?
Maryse attend depuis une heure. Maryse attend depuis quand? Depuis quand Maryse attend-elle?/est-ce que Maryse attend?
1 remplacement du groupe sur lequel on pose la question par le mot ou l'expression interrogative correspondante.
2 passage des mots interrogatifs en tête de phrase
3 ajout d'un signal secondaire: inversion S/V, est-ce que, ou pronom de reprise.

1/ 2 Quand est-ce qu'il a téléphoné? D'où...?
Quand (ou Quel jour) est-ce qu'il arrive?
Combien de temps est-ce qu'il restera (ou va rester)?
A quel hôtel est-ce qu'il veut qu'on lui retienne une chambre?
Est-ce qu'il veut que j'aille le chercher?
Pourquoi est-ce qu'Annie ne peut pas venir?
A quelle heure est-ce qu'il téléphonera (ou va téléphoner)?
Qu'est-ce qu'il veut me demander? A quel sujet?
Quand est-ce qu'il repart?
Quand est-ce que tu vas rentrer?

1/ 6 1 Quand - 2 Comme - 3 Pourvu - 4 Quelle - 5 Comment - 6 Comme

1/11 ont été blessées - a été tout de suite avertie - n'a pas été revendiqué - ont été portés disparus - ont été retrouvés - ont été transportés - est jugé - a été aperçu - est attendu

1/12 1 est captée - utilisée - 2 est libérée - 3 est absorbée - 4 est reprise - 5 sont décomposées - 6 est coupé - 7 a été détruite - 8 est défrichée - est emporté - 9 sont composées - 10 sont couverts

1/14 1 b A - 2 a F - 3 g F - 4 f B - 5 i C - 6 e I - 7 j H - 8 d E - 9 e D - 10 h G

1/17 1 Sachez que... 2 Ne cueille pas... 3 Envoie.... 4 Veuillez... 5 Partons...

1/19 A 1 Quelqu'un est venu - 2 J'ai du temps et de l'argent - 3 Elle a toujours aimé... 4 Il est encore là - 5 J'ai encore quelque chose à manger - 6 Elle est déjà arrivée - 7 J'ai trouvé un train qui vous convient - 8 J'ai rencontré quelqu'un que je connais.
B 1 Il ne me reste plus d'argent - 2 Tu n'achètes rien? - 3 Nous n'avons rien fait aujourd'hui - 4 Je n'entends jamais mon voisin... - 5 Je n'ai pas d'enregistrement - 6 Tu n'es pas encore levé! - 7 Personne n'avait vu... - 8 Je n'ai pas visité d'appartement qui te convienne.

2/ 1 du, la, l' le, le, de, la, d'un, une, une, de, le, le, des, le, à, la, sa, la, le, la, le, ce.

2/ 2 1 le, 0 - 2 le, 0 - 3 les, le - 4 0, la, au, 0 - 5 les, du - 6 le, 0, 0 - 7 les - 8 les, le - 9 le, 0, 0, - 10 de l', les, de.

2/ 4 1 Je n'ai pas de collègue qui habite l'immeuble.
2 Ce n'est pas un modèle très sophistiqué.
3 Je n'ai pas pris de Simenon pour lire dans le train.
4 Ce n'est pas un cèdre que nous avons dans le jardin, mai (ou c'est) un sapin.
5 Elle ne ressemble à aucune de mes amies.
6 Il n'a ni fille ni garçon.

2/ 5 1 à, aux - 2 0, le, le - 3 en, une - 4 le, du, les - 5 0, le, d' - 6 un - 7 les, à - 8 un, de, des, d', le

2/ 9

2/11 1 peu - 2 peu - 3 un peu - 4 peu - 5 un peu - 6 un peu - 7 un peu - 8 peu

3/ 1 1 rousse, gros, vieilles - 2 trompeuses, douce, gentille, franche - 3 favorite, blanche, vieil - 4 fol, nouvel - 5 nouvelle, ancienne, bonne.

3/ 2 1 dur travail, minerai dur - 2 pauvre femme - 3 région pauvre - 4 petit enfant - 5 tout petit garçon ou garçon tout petit - 6 dernière année - 7 l'année dernière - 8 chemise propre - 9 propres paroles.

3/ 4 1 Pierre, 2 Laurence, 3 Frank, 4 Claire, 5 Benoît, 6 Annie, 7 Sylvie, 8 Didier, 9 Marie.

3/ 6 1/e - 2/d - 3/g - 4/a - 5/f - 6/b - 7/c
A/7 - B/2 - C/5 - D/1 - E/3 - F/6 - G/5

4/ 1 a : groupe de mots : venir chercher ses bagages
b : nom : réveil - c : nom : poires - d : adjectif : autoritaire
c : groupe de mots : ne rien faire pendant un mois - f : nom : géraniums
g : nom : M. Rivière, nom : (chaque membre du) personnel, nous : nom : personnel, lui : nom : M. Rivière

4/ 3 1 D'accord, vends-la lui et achète-le.
2 Descends-les - 3 Donne-le lui - 4 Envois-les lui - 5 Fais m'en une - 6 Donne-lui en - 7 Parlons leur en - 8 Attrappez-le moi - 9 Demandez-le lui.

4/ 4 1 soi - 2 se - 3 nous - 4 toi - 5 se, me - 6 eux - 7 soi - 8 t' - 9 eux - 10 soi

4/ 7 a y - b y - c en - d en - e y - f en - g en - h en - i y - j en

4/ 8 1 lui - 2 l' - 3 lui - 4 y - 5 en - 6 le - 7 en - 8 y, y - 9 leur - 10 me

4/10 1 celui que - 2 celui dont - 3 celles de - 4 celui où - 5 celui du - 6 ceux de - 7 celui à qui - 8 ceux que

4/14 1 C'est - 2 C'est - 3 Elle est - 4 Il est - 6 C'est - 7 Il est... il est - 8 Il est..., ce n'est - 9 C'est - 10 Elle est...

5/ 3 1/f - 2/a - 3/g - 4/a - 5/e - 6/d - 7/c - 8/b

5/ 4 4,1,5,3,2 - 3,2,4,1,5

5/ 7 a subi - ont été - ont touché - a souffert le plus ou a le plus souffert - a ainsi été endommagé - été sérieusement touché - ont subi - ont aussi été détruites - ont revendiqué - avait signé - ont surtout touché

5/ 8

5/10 1 : S - 2 : S - 3 : S - 4 : V - 5 : S - 6 : S - 7 : V - 8 : S - 9 : S - 10 : V

5/11 A 1, b - 2, a - 3, b - B 4, f - 5, e - 6, d - C 7, h - 8, g - 9, i - D 1, k - 2, l - 3, j - E 4, o - 5, n - 6, m - F 7, r - 8, p - 9, q

5/12 a : à - b : du - c : à - ... - d : à - e : à - f : de - g : ... - ... - h : d' - i : pour - j : à - ... - de - k : à - l : des

5/13 se lève - se soulever - se pencher - se demande - se remettra - se retourne - se mouche - s'assoupit - s'endort - s'éveille - se raffermir

5/16 Il pleut - Il y a du soleil et des nuages - Il fait soleil - Il pleut - Il fait des orages - Il fait (ou il y a) du vent - Il fait un temps couvert - Il y a du verglas - Il tombe de la neige - Il tombe de la grêle

5/17

6/ 3 1 b - 2 d - 3 a - 4 b - 5 c, d - 6 b - 7 a, b - 8 c

6/ 5 a déménagé - ne connaissait pas encore - ai sonné - est venu - était - portait - j'ai fini - tenait - surprenait - a semblé - ai-je dit - m'a poussé - attendait - était - a télégraphié -

6/ 7 1 souhait - 2 suggestion - 3 hypothèse - 4 suggestion - 5 regret

6/ 8 1, C - 2, B - 3, E - 4, A - 5, D

6/14 épousa - partagea - tenta - devint - se retira - mourut - fut - devint - se prêta - essayèrent

6/15 leva - dit - eûmes - tenaient - descendirent - longeait - voyait - passaient - étaient - dévisagea

6/23 1 veniez - 2 soit - 3 aille - 5 vienne, recevions - 6 sache - 7 dormiez, vous reposiez, fassiez - 8 mette - 9 plaise - 10 dis, tienne, nous fâchions

6/32 1 En montant... - 2 Sachant combien... - 3 Un grenier pouvant être transformé - 4 La situation devenant grave... - 5 N'ayant ni mangé ni dormi... - 6 Ne croyant pas... - 7 Etant allée faire... - 8 Ayant réussi...

7/1 1 e F - 2 c B - 3 h D - 4 b A - 5 f C - 6 g E - 7 a H - 8 d G

7/2 1 à cause du mauvais temps - 2 grâce à un travail acharné - 3 pendant le déjeuner - 4 sans le vote des ouvriers agricoles - 5 dès le décollage de l'avion - 6 en cas d'accident

7/4 a F - b B - c H - d G - e D - f E - g C - h A

7/6

7/10 1 c - 2 b - 3 a - 4 c - 5 b - 6 a - 7 d, b - 8 d

7/11 1 c C - 2 e F - 3 g E - 4 d H - 5 g E - 6 h B - 7 b D - 8 a G

7/12 ainsi que - en raison de - pour - or - en effet - donc - soit - car - d'où - avant - mais

7/14 1 qui f - 2 auquel c - 3 que g - 4 dont e - 5 à laquelle h - 6 où i - 7 d'où a - 8 avec lequel j - 9 à quoi d - 10 où b

8/1 1 as - 2 fasse des excuses - 3 puisse - 4 prenne - 5 ont - 6 revienne - 7 doives - 8 t'absenterais

8/2 1 A supposer qu'il vienne... - 2 En attendant que notre téléphone soit installé - 3 Soit qu'il ait été malade, soit que sa lettre se soit perdue - 4 Bien que le gouvernement ait changé... - 5 Sans que mon mari le sache - 6 Avant qu'ils ne partent - 8 Afin qu'il puisse rentrer.

8/3 1 d E - 2 e D - 3 f B - 4 a F - 5 b g - 6 g A - 7 h H - 8 c C

8/6 A compl. adj. - B OD - C sujet - D compl. circ. - E compl. circ. - F OI - G compl. de nom - H compl. circ.

8/7 1 d - 2 h - 3 e - 4 i - 5 f - 6 a - 7 c - 8 j - 9 g - 10 b

8/12 1 Comme vous nous l'aviez prédit... - 2 Je l'imaginais autre que ce que vous m'aviez décrite (ou autre que vous ne me l'aviez décrit). - 3 Malheureusement, plus les salaires montent, plus les prix augmentent. - 4 J'ai visité cet après-midi un appartement comme j'en rêvais. - 5 Son succès est d'autant plus méritoire qu'il avait un travail cette année. - 6 J'ai été d'autant plus déçue que je croyais ce livre intéressant. - 7 Nous vivons autrement que vous. - 8 Comme je t'avais écrit, nous avons eu un accident de voiture.

8/14 1 b - 2 b - 3 b - 4 a - 5 b

8/16

Actes de Parole

Invitations, offres acceptations, refus

A.P. 1/1
*

Vous avez de nouveaux voisins qui viennent d'emménager. Vous allez les voir pour leur demander s'ils ont besoin de quelque chose. Parmi les phrases suivantes, quelles sont celles que vous pourriez utiliser?

a *Est-ce qu'il y a quelque chose que je puisse faire pour vous?*

b *J'aimerais faire quelque chose pour vous.*

c *Voulez-vous que je vous aide à faire quelques rangements?*

d *Laissez-moi vous aider à faire ces rangements.*

e *Avez-vous besoin de faire ces rangements?*

f *Avez-vous besoin d'un peu d'aide?*

g *Si vous voulez, je peux vous aider à faire quelques rangements.*

h *Vous avez des choses à faire.*

Un de vos bons amis est malade. Vous allez le voir chez lui et vous lui demandez si vous pouvez faire quelque chose pour lui.

A.P. 1/2
**

Vous rencontrez dans la rue un ami que vous n'avez pas vu depuis longtemps et vous l'invitez à aller prendre quelque chose dans un café.
Complétez les phrases suivantes:

1 *Viens* . . . .

2 *Est-ce que tu peux* . . . .

3 *Allons* . . . .

4 *J'aimerais bien* . . . .

Imaginez d'autres façons de l'inviter.
Vous pouvez préparer votre invitation et la rendre plus pressante en donnant une raison préalable comme par exemple «J'ai à te parler...».

118

Sur les dessins ci-dessous le monsieur est, de toute évidence, très mal poli. Imaginez ce que vous diriez dans chacune des deux situations si vous étiez à sa place.

a Pour offrir votre aide

b Pour offrir votre place

sempé

Lisez les trois dialogues qui suivent.

1 Quelle est la situation commune à ces trois dialogues ?

. . . .

2 Classez-les en fonction des rapports qu'ils impliquent entre les interlocuteurs.
   Les plus distants :   . . . .
                     :   . . . .
   Les moins distants :   . . . .

3 Imaginez qui sont les interlocuteurs dans chacun des dialogues et quels peuvent être leurs rapports.
   A   . . . .
   B   . . . .
   C   . . . .

119

4 Faites la liste de toutes les expressions utilisées pour :

inviter quelqu'un	accepter une invitation

A

- Au fait, on fait une fondue ce soir à la maison pour le retour de Patrice. Tu veux venir ?
- Ce soir ? D'accord. A quelle heure ?
- Vers huit heures. Ça te va ?
- Oui, merci.

B

- Monsieur Saurel... Je suis content de vous voir. Je voulais justement vous demander si vous accepteriez... Ma femme et moi organisons une petite fête à la campagne à la fin du mois, le 27, et nous serions très heureux si vous pouviez venir.
- C'est vraiment très gentil de votre part.
- Je sais combien vous êtes occupé...
- Le 27 ? Je crois justement que nous sommes libres... Oui, je vais vérifier, et si je n'ai rien, c'est avec beaucoup de plaisir que nous viendrons tous les deux.

C

- Allo, Annie ?
- Bonsoir Suzanne. J'espère que tu vas mieux.
- Oh oui, très bien maintenant. Justement, nous allons au cinéma ce soir avec Laurent et Maryse. Est-ce que tu veux venir avec nous ?
- Je ne voudrais pas vous déranger...
- Mais pas du tout, voyons !
- Bon, alors. Je n'ai rien de prévu. C'est une très bonne idée.

3 On a vous donné deux billets pour assister à la finale d'un tournoi de tennis et vous demandez à un(e) de vos camarades s'il/elle veut vous accompagner.

Vous écrivez à des personnes que vous avez rencontrées récemment chez des amis pour les inviter à un dîner.

Pour essayer d'avoir plus de clients, une grande firme de voitures téléphone à des particuliers, choisis au hasard dans l'annuaire, et leur propose un essai gratuit, à domicile, de leur nouvelle voiture. Imaginez les réactions de ces différentes personnes. Chacun donne la raison de son acceptation ou de son refus.

1 Un monsieur qui refuse très poliment : il a déjà une voiture.

. . . .

2 Une dame qui accepte avec enthousiasme. Elle se demandait justement comment elle pourrait avoir plus de renseignements sur ce nouveau modèle.

. . . .

3 Une dame qui ne peut pas supporter la publicité par téléphone.

. . . .

4 Un monsieur qui refuse de façon polie, mais catégorique. Compte tenu du prix de l'essence, il trouve ridicule d'acheter une voiture.

. . . .

5 Un monsieur qui, après avoir refusé, se laisse convaincre par le vendeur et finit par accepter.

Imaginez ce que dit l'hôtesse pour inviter le monsieur à parler, et ce qu'il répond, refusant tout d'abord, puis acceptant.

Au cours d'une réunion ou d'un repas, on vous demande de chanter. Refusez en donnant une raison.
La personne insiste. Refusez de façon plus catégorique.

Lisez la publicité suivante et soulignez toutes les expressions utilisées pour proposer le produit à vendre.

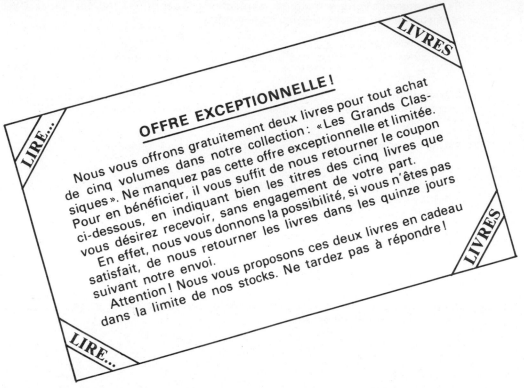

OFFRE EXCEPTIONNELLE !

Nous vous offrons gratuitement deux livres pour tout achat de cinq volumes dans notre collection : «Les Grands Classiques». Ne manquez pas cette offre exceptionnelle et limitée. Pour en bénéficier, il vous suffit de nous retourner le coupon ci-dessous, en indiquant bien les titres des cinq livres que vous désirez recevoir, sans engagement de votre part.
En effet, nous vous donnons la possibilité, si vous n'êtes pas satisfait, de nous retourner les livres dans les quinze jours suivant notre envoi.
Attention ! Nous vous proposons ces deux livres en cadeau dans la limite de nos stocks. Ne tardez pas à répondre !

A votre tour, rédigez une publicité pour présenter une offre spéciale de cassettes pour l'enseignement des langues, de produits de beauté, de produits d'entretien, etc. N'oubliez pas de
- présenter très clairement le produit que vous proposez en insistant, le cas échéant, sur ses avantages,
- attirer l'attention sur le caractère exceptionnel de l'offre,
- préciser ce que le client doit faire,
- souligner la liberté que garde le client,
- valoriser votre offre en précisant qu'elle est strictement limitée.

Requêtes, ordres, directives

A.P. 2/1 Classez les requêtes suivantes en allant de la moins polie à la plus polie, et dites lesquelles ne seraient pas acceptables dans la situation décrite.

A Vous demandez à une vendeuse de vous montrer d'autres modèles (de foulards, de chemises,...) que celui qui est exposé.

1 Vous en avez d'autres à me montrer ?
2 Alors, quoi ! Vous n'allez pas me chercher les autres ?
3 Voudriez-vous avoir l'extrême obligeance de m'en montrer d'autres ?
4 Montrez m'en d'autres tout de suite !
5 Vous n'allez pas me faire croire que vous n'avez que ces modèles ! Où sont les autres ?
6 Ça ne vous ennuierait pas de m'en montrer d'autres ?
7 J'aimerais voir d'autres modèles.
8 Voulez-vous me montrer d'autres modèles ?

B Vous entrez dans un grand immeuble et vous ne savez pas où est l'ascenseur. Vous le demandez à une personne qui passe. Vous commencez par : «*Excusez-moi, Monsieur/ Madame.*»

1 Vous savez où est l'ascenseur ?
2 Pourriez-vous me dire où est l'ascenseur ?
3 Où est l'ascenseur, s'il vous plaît ?
4 Je vous serais extrêmement reconnaissant de m'indiquer l'ascenseur.
5 L'ascenseur, vous ne pouvez pas me le montrer, non ?
6 J'aimerais que quelqu'un me dise où se trouve l'ascenseur !
7 Je cherche l'ascenseur.
8 Indiquez-moi où est l'ascenseur !

.P. 2/2
＊ Choisissez les phrases que vous pourriez utiliser dans les situations suivantes et dites pourquoi les autres phrases ne seraient pas utilisables dans ces situations.

A Vous êtes en avion et demandez à l'hôtesse un verre d'eau.

a Je veux un verre d'eau.
b Un verre d'eau !
c Pourrais-je avoir un verre d'eau ?
d Me serait-il possible d'avoir un verre d'eau ?
e Si vous aviez un verre d'eau...

B Quelqu'un frappe à la porte de votre bureau. Vous lui dites d'entrer.

a Entrez !
b Vous devez entrer.
c Faites entrer.
d Entrez, je vous en prie.
e Si vous entriez ?

C Vous êtes directeur d'une école et décidez de réserver aux professeurs la porte d'entrée principale. Vous écrivez sur un panneau :

a Les élèves sont priés d'entrer par la porte de la rue St Maur.
b Les élèves devraient entrer par la porte de la rue St Maur.
c Elèves : entrée rue St Maur.
d Les élèves sont obligés d'entrer par la porte de la rue St Maur.
e Les élèves peuvent entrer par la porte de la rue St Maur.

Que diriez-vous dans les situations suivantes ?
A la fin d'une soirée, vous demandez votre manteau à la maîtresse de maison.

- chez de vieux amis
- chez des gens que vous ne connaissez pas encore très bien.

A.P. 2/3
* *

Vous faites un long voyage en train. Au cours de ce voyage, vous avez à plusieurs reprises l'occasion de demander quelque chose à quelqu'un. Que direz-vous dans les situations suivantes ?

1 Au Wagon-restaurant, vous voulez plus de détails sur le menu :

. . . .

2 Vous avez envie de fumer :

. . . .

3 Vous trouvez qu'il fait trop chaud dans le compartiment :

. . . .

4 Vous demandez au contrôleur l'heure d'arrivée du train :

. . . .

5 Le train s'arrête en gare. Vous aimeriez savoir où vous êtes.

. . . .

A.P. 2/4
* *

Imaginez ce que la dame demande au pompier qui vient la secourir, et qui le surprend tant.

Voici quelques extraits de modes d'emploi. Devinez à quoi ils se rapportent.

a Agiter l'aérosol.
Vaporiser à 20 cm environ de la surface à entretenir. Une faible quantité de produit suffit.
Essuyer immédiatement avec un chiffon sec et doux : le brillant apparaît.

b Frotter le tissu pour enlever la poussière.
Mettre quelques gouttes sur la tache.
Laisser pénétrer.
Frotter quand le tissu est sec.

c Casser la plaque de verre avec le marteau situé au-dessus de la boîte.
Appuyer sur le bouton de façon répétée.

d Enduire les deux faces à joindre.
Laisser reposer une ou deux heures.
Joindre les deux faces.
Laisser sécher environ une journée.

Les dessins ci-dessous correspondent aux différentes étapes de la fabrication du gâteau aux abricots. Ecrivez la recette en donnant des directives claires et précises.

Utilisez soit l'infinitif, soit l'impératif, soit le futur.

âteau aux abricots

)0 g d'abricots frais
)0 g sucre
sachet sucre vanillé
 g farine
) g Maïzena
cuillerée à café de levure
*5 g beurre
œufs
pincée de sel
*amel liquide

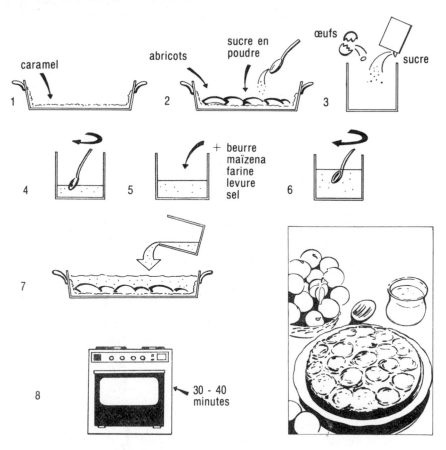

Suggestions, conseils, menaces

A Votre voisin a un énorme chien qu'il laisse en liberté et qui a déjà mordu plusieurs membres de votre famille. Vous le menacez de faire quelque chose s'il n'attache pas son chien immédiatement. Parmi les phrases suivantes, quelles sont celles que vous pourriez utiliser?

a Je vous apprends que vous feriez mieux de mettre votre chien en laisse.
b Je vous préviens que vous feriez mieux de mettre votre chien en laisse.
c Vous avez intérêt à mettre votre chien en laisse.
d Vous pourriez mettre votre chien en laisse.
e Ça ne se passera pas comme ça!
f Si vous mettiez votre chien en laisse, il ne mordrait pas.
g Mettez votre chien en laisse ou je vais au commissariat.
h Si vous ne mettez pas votre chien en laisse, je vais au commissariat

B Vous suggérez à vos amis d'aller au cinéma. Parmi les phrases suivantes, quelles sont celles que vous pourriez utiliser?

a Allons au cinéma!
b Nous allons au cinéma.
c On pourrait aller au cinéma.
d Et si on allait au cinéma?
e Nous irons au cinéma.
f Pourquoi aller au cinéma?
g Pourquoi ne pas aller au cinéma?
h Que diriez-vous d'aller au cinéma?
i Je suggère que nous allions au cinéma.

C Vous conseillez à un ami d'essayer de passer un concours qui lui permettra d'avoir un meilleur travail. Que pourriez-vous lui dire?

a Tu devrais passer ce concours.
b Tu devras passer ce concours.
c A ta place, je passerais ce concours.
d Tu ferais mieux de passer ce concours.
e Passe ce concours: c'est ce que tu as de mieux à faire.
f Tu aurais dû passer ce concours.
g A mon avis, tu devrais passer ce concours.

.P. 3/2 ******* Analysez le type des phrases utilisées dans chacun des trois cas de l'exercice précédent. Qu'est-ce qui, chaque fois, exprime la menace, la suggestion, le conseil ? Le vocabulaire ? La tournure syntaxique ? La forme du verbe ? L'intonation ?

Comparez A, a et b.
Pourquoi A, f n'est-il pas menaçant ?
Comparez C, a et b.
Pourquoi C, f n'est-il pas un conseil ? Quelle(s) condition(s) faut-il satisfaire pour qu'un énoncé soit perçu comme un conseil ?

.P. 3/3 ****** Dans le texte suivant, soulignez toutes les expressions utilisées pour dire aux lecteurs quelles précautions ils doivent prendre, (c'est-à-dire pour les prévenir) avant l'achat d'une planche à voile.

LOISIRS

Planche à voile : quelles précautions ?

Un sport qui ne cesse de se développer : la planche à voile. Quelles précautions ses adeptes doivent-ils prendre ? Comment peuvent-ils s'assurer contre les risques qu'ils courent ou font courir ?

Au moment de l'achat du matériel, il faut se préoccuper de la sécurité qu'il offre : la planche doit être insubmersible et doit pouvoir supporter à tout moment, et dans toutes les conditions, le véliplanchiste et le gréement.

Celui-ci doit flotter et être relié à la planche par un bout d'amarrage. Il constitue alors une ancre flottante.

Il est bon que la planche soit munie à l'avant d'un dispositif permettant le remorquage. Ce dispositif ne doit comporter aucune protubérance pouvant provoquer des blessures.

La voile doit comporter des fenêtres pour assurer une bonne visibilité à l'utilisateur. Il est utile de prévoir à bord un petit cordage de secours, et de revêtir un vêtement isothermique lorsque la température de l'eau est inférieure à 18 degrés.

Le Monde, 21 août 1980

Par lettre, vous donnez quelques conseils à un(e) ami(e) qui veut acheter un objet : vélo, tente de camping, appareil photo, etc.

Les lettres et les réponses qui suivent sont extraites de la page du Courrier du Cœur de divers magazines féminins.

1 Associez chaque réponse à la lettre correspondante.

A

Les solutions ne manquent pas. Vous pourriez, par exemple, une ou deux fois par semaine, garder les marmots d'une voisine afin de lui permettre de sortir. En échange, elle vous rendrait le même service. Vos parents ne s'y opposeraient pas. Ils ont eu seize ans, eux aussi. Ils se rappellent qu'à cet âge torchonner, torcher les marmots ne suffisait pas à leur bonheur. Proposez-leur une solution pratique et rappelez-vous que les récriminations ne paient pas ; que l'argument le plus convaincant pour les parents a toujours été le sourire, le baiser. La cajolerie. Bonne chance. J'attends de vos nouvelles. Et n'oubliez pas vos études. On n'est pas grande sœur toute sa vie. Tôt ou tard, il faut la gagner.

B

Comment peut-on vous aider ? D'abord, vous apprendre à voir clair. Le véritable amour est partagé. Vous êtes certaine qu'il vous a beaucoup aimée et, en voyant ses réactions, vous estimez qu'il vous aime encore. S'il avait été profondément épris de vous, il ne se serait pas lassé au bout de deux mois ; la simple pensée qu'il ait pu avoir un rival l'aurait rendu furieusement jaloux. Son attitude trahit une indifférence, dissimulée sous les sourires amicaux.

Pendant son service militaire un garçon s'évade du milieu familial, il a l'impression de prendre de l'importance vis-à-vis des autres et surtout vis-à-vis des filles. Imaginez votre beau militaire en civil ; il perdrait beaucoup de l'ascendant que vous lui avez accordé.

Oubliez, petite fille. Deux mois, six mois ne comptent pas dans une existence qui en est à son début. Ayez une plus haute opinion de vous-même ; ne vous laissez plus leurrer par le premier venu, ne gaspillez pas votre tendresse en l'offrant à qui n'en a que faire.

C

Il est normal d'hésiter avant de prendre la décision la plus grave de votre existence.

Ces hésitations ne sont pas entièrement dues à votre caractère et aux exemples de discorde que vous observez autour de vous. Le garçon que vous croyez aimer n'est pas parvenu à conquérir votre cœur, votre imagination, vos pensées et à partager vos appréhensions et vos rêves ; autrement, vous lui auriez confié le trouble qui vous agite.

Ne vous imposez pas une solution. Laissez faire le temps. Réfléchissez. Observez votre prétendant et ne soyez pas inquiète. Un jour, la décision irrévocable se présentera d'elle-même. Vous ne pouvez, dès à présent, deviner ce qu'elle sera.

Si vous choisissez de l'épouser, votre amoureux aura fait un effort de compréhension qui plaidera en sa faveur. Vous vous sentirez beaucoup plus proche de lui. Quant à vous, au seuil de votre vie de femme, vous ne vous trouverez pas sans armes. Ayant acquis une nécessaire confiance en vous, vous aurez conscience d'être maîtresse de votre destin.

D

♥ J'aime un garçon de mon âge, vingt ans. Il fait son service militaire ; nous sommes sortis ensemble pendant deux mois mais ses parents ne veulent pas que nous nous fréquentions. A son retour de manœuvres, on lui a dit que je sortais avec un autre. Il m'a promis de retrouver le menteur. Depuis, je ne le revois qu'au bal. Il me sourit, un point c'est tout. Je lui écris tous les jours ; il ne répond pas. Je sais qu'il m'a beaucoup aimée ; à voir ses réactions, je crois qu'il m'aime encore. Je suis très malheureuse car je l'aime plus que tout au monde.

Cœur au désespoir.

E

Nadine

J'ai 16 ans, je suis l'aînée de la famille. J'ai deux frères et une sœur, âgés de quatre, six et dix ans. C'est moi qui dois m'occuper d'eux car mes parents travaillent. Dès qu'une bêtise est faite, c'est moi qui prends et par-dessus tout, il m'est impossible de sortir avec des jeunes de mon âge. Que dois-je faire ?

F ♥ J'ai vingt-deux ans ; j'ai grandi au milieu d'une famille très unie. Je fréquente depuis dix mois un garçon et nous faisons ensemble des projets d'avenir. De trois ans mon aîné, il est sérieux, travailleur et très affectueux. Nous nous aimons. Toutefois, j'hésite à me lier définitivement car j'appréhende l'avenir. Depuis le divorce de ma sœur, qui m'a profondément touchée, je remarque que beaucoup de ménages ne s'entendent pas et cela me contrarie. Pourtant, j'ai une entière confiance en lui et je l'aime.

Diane.

Lettres			
réponses			

2 Soulignez toutes les expressions utilisées pour donner un conseil ou demander un conseil.

P. 3/5
**

1 Choisissez l'une des deux lettres suivantes et imaginez une réponse.

Je ne comprends pas. Tout le monde me dit que j'ai du charme. J'ai un physique assez agréable à regarder, je suis souriante, gentille et les garçons ne me regardent pour ainsi dire pas. Il semble que je sois invisible. Que faire ? Moi qui ai envie d'aimer…

Caroline, une fidèle lectrice

Quinze Ans © S.P.E

Je suis très amoureuse de Cyril qui, lui, se moque complètement de moi. En tout et pour tout, je suis sortie avec lui trois fois. la 1re fois : de 14 h à 20 h ; la 2e fois : de 14 h à 15 h ; la 3e fois : quelques minutes, juste le temps qu'il me roule un patin (excusez l'expression !). Je sais qu'il sort avec d'autres filles et cela me rend folle. Hier, je l'ai vu et il m'a carrément dit de le laisser tranquille car il en avait marre de moi. Je suis vraiment déprimée et, sur un coup de colère, je suis capable de faire un malheur. Je vous en prie, conseillez-moi !

OK, 3 mars 1980

Ce bon fils n'est pas un mari parfait. Sa situation qui l'oblige à vous laisser «souvent seule» ne suffit sans doute pas à vous ménager une vie aisée.

N'hésitez pas à chercher du travail. Quand vous aurez trouvé un emploi et assuré dans de bonnes conditions la garde de votre petit garçon, vous mettrez votre époux devant le fait accompli. Il n'hésite pas à accorder à sa mère la priorité ; vous refusez de rester enfermée. (Rien de plus normal, la plupart des jeunes mamans reprennent le travail dès que leur seul enfant est d'âge à être confié à une crèche. Le vôtre passera ses journées à la maternelle.) Ce n'est entre époux qu'un échange de concessions.

2 Imaginez la lettre dont le passage qui suit est la réponse. ▶

Daniel Gray © *Nous deux*, 1980

129

A.P. 3/6
* *
Que recommanderiez-vous à ce couple qui a de toute évidence un problème ? Complétez les phrases qui suivent.

1 A votre place, je . . . .

2 Vous devriez . . . .

3 . . . . c'est ce que vous avez de mieux à faire.

4 Pourquoi . . . .

5 Vous feriez mieux . . . .

6 Je vous recommande . . . .

7 Si j'ai un conseil à vous donner . . . .

P. 3/7 Imaginez ce que les employés du bureau disent au monsieur pour le convaincre de ne pas
** sauter.

P. 3/8 Imaginez ce que le fermier dit au monsieur qui est en train de poser une affiche sur son
** arbre.

Remerciements, excuses

A.P. 4/1
*

A Parmi les phrases suivantes, quelles sont celles que vous pourriez utiliser pour remercier quelqu'un qui vient de vous aider à porter votre valise.

a *Merci beaucoup.*
b *C'est vraiment très gentil de votre part.*
c *Je ne sais comment vous remercier.*
d *Je sais comment vous remercier.*
e *Je vous suis très reconnaissante.*
f *C'est une bonne chose.*
g *C'est la moindre des choses.*
h *Qu'aurais-je fait sans vous?*

B Choisissez la ou les phrases que le monsieur qui vous a aidé pourrait utiliser pour vous répondre.

a *C'est la moindre des choses.*
b *Je vous en prie.*
c *C'est moi qui vous remercie.*
d *Cela ne m'a pas dérangé du tout.*

A.P. 4/2
**

Regardez les dessins ci-dessous et complétez les phrases qui suivent en imaginant comment la dame exprimera sa gratitude au monsieur qui l'a «sauvée».

a Merci . . . .
b Je ne sais . . . .
c Je vous suis . . . .
d Sans vous, ...
e C'est vraiment très gentil . . . .
f Je tiens à . . . .

Imaginez la réponse du monsieur:

. . . .
. . . .
. . . .

Comment exprimeriez-vous votre gratitude dans les situations suivantes?

   1 Vous venez de trouver l'appartement de vos rêves grâce à un ami qui n'a cessé de chercher, téléphoner, se renseigner pour vous: . . . .
   . . . .

   2 Votre voisine vous apporte quelques pots de confiture qu'elle vient de faire: . . . . . .
   . . . .

   3 Votre patron vous apprend qu'il vient d'obtenir une promotion pour vous: . . . .
   . . . .
   . . . .

   4 Votre fils vient d'être invité à aller passer quelques jours de vacances chez un de ses camarades. Vous téléphonez à ses parents: . . . .
   . . . .

Un ami vous avait demandé de lui envoyer un papier urgent et vous avez oublié. Vous lui téléphonez. Parmi les phrases suivantes, quelles sont celles que vous pourriez utiliser pour lui demander de vous excuser?

   a *Je suis vraiment désolé d'avoir oublié.*
   b *Il faut oublier.*
   c *Ce n'est pas normal de ma part.*
   d *C'est vraiment stupide de ma part.*
   e *Excuse-moi, s'il te plaît.*
   f *J'espère que tu ne m'en voudras pas trop.*
   g *Pardonne-moi, je t'en prie.*
   h *Tu devrais ne plus y penser.*

Que diriez-vous pour vous excuser dans les situations suivantes?

   a *Vous marchez sur le pied de quelqu'un dans l'autobus.*
   b *Vous emportez par erreur un livre qui ne vous appartient pas et vous le rapportez à son propriétaire.*
   c *Vous expliquez à votre patron pourquoi vous étiez absent(e) la veille.*
   d *Vous avez l'impression d'avoir froissé une de vos amies et vous lui téléphonez.*

Imaginez ce que répondrait votre interlocuteur dans chacun des cas.

A.P. 4/6 **Complétez la lettre d'excuse qui suit :**
*

Paris, le 3 septembre 1982

Chère Madame Le Fere

- -

de ne pas avoir pu venir dîner chez vous samedi soir. Comme Annick vous l'a dit, j'étais grippée et n'ai pas même pu me lever - - - - - - - - - -
- - - - - - - -, car je me faisais un plaisir de vous revoir ainsi que votre famille.
Mais peut-être pourrez-vous venir à la maison à votre retour d'Italie au mois d'octobre.
J'espère - - - - - - - - - - - - - - -
et en vous demandant à nouveau - - - -
- - - - - - - - - -, je vous prie de croire à l'assurance de mes sentiments les meilleurs.

Fanny Sens

Imaginez que cet incident se produise le jour même où le couple avait invité des amis. Que dira la dame à ses invités pour leur demander de l'excuser ?

Intention, désir, volonté

A.P. 5/1
*

Une nouvelle voiture - la voiture de vos rêves - vient de sortir. Parmi les expressions suivantes, quelles sont celles que vous pourriez utiliser pour exprimer votre désir d'en posséder une?

a J'aimerais tellement avoir une voiture de sport comme celle-ci!
b Je ne dirais pas non si on m'offrait cette voiture.
c Je ne dirais rien si on m'offrait cette voiture.
d Je ferais des folies pour avoir une voiture comme celle-ci!
e J'aurai une voiture comme ça.
f Cela me dirait assez d'avoir une voiture de sport comme celle-ci.
g Je pense acheter une voiture de sport de ce type.

Vous avez un travail important à terminer et vous voulez le finir à tout prix avant de faire autre chose. Parmi les expressions suivantes, quelles sont celles que vous pourriez utiliser pour marquer votre volonté?

a Je pense finir ce travail ce soir.
b Je veux finir ce travail ce soir.
c Je pourrais finir ce travail ce soir.
d Je suis bien décidé à finir ce travail ce soir.
e Je ne ferai rien tant que n'aurai pas terminé ce travail.
f Il n'est pas question que je sorte avant d'avoir terminé mon travail.

Quels sont les temps des verbes plus spécialement associés
- à l'expression du désir?
- à l'expression de la volonté?

A.P. 5/2
*

Lisez ce début de lettre et relevez toutes les expressions utilisées pour marquer:

l'intention	la volonté	le désir

Chers amis,

Les vacances approchent et il est temps de vous dire ce que nous avons prévu pour cet été. Mais tout d'abord, quelques nouvelles de la famille.

Jean-Pierre a décidé de ne pas faire médecine comme il l'avait envisagé il y a quelque temps. S'il a son bac, il pense plutôt faire pharmacie car il dit qu'il n'est pas assez bon en maths et qu'il n'a aucune chance en médecine. J'espère vraiment qu'il s'en tiendra là : il change d'idées si souvent !

Frédérique finit sa seconde C et va en 1ère D à la rentrée car elle a toujours l'intention de faire de la biologie plus tard : c'est une vraie vocation chez elle.

Quant à Sylvaine, le lycée ne la préoccupe pas encore beaucoup et elle ne rêve que de ses prochaines vacances (elle va partir en colonie en Savoie avec plusieurs de ses camarades de classe.)

Frédérique et Jean-Pierre partent également en vacances de leur côté cette année (ils veulent partir camper dans le Massif Central) si bien que nous serons tout seuls une bonne partie de l'été.
Nous aimerions beaucoup vous voir à Dinard.

.P. 5/3
**
Regardez ce dessin et imaginez ce que le père et sa fille disent. Faites cinq phrases pour chacun d'entre eux en choisissant les expressions qui vous semblent le mieux correspondre à la façon dont ils s'expriment.

➡

	père	fille
(Ce que) je veux...		
Il faut que tu...		
Je compte bien que...		
Je suis bien décidé(e) à		
Je n'hésiterai pas à		
Je + futur		
Rien ne m'empêchera de		
Je tiens à		

A.P. 5/4
★ ★
Vous êtes proviseur d'un vieux lycée parisien que vous avez décidé de faire rénover selon les plans ci-dessous. Qu'expliqueriez-vous à l'architecte chargé des travaux ?

LYCÉE ACTUEL

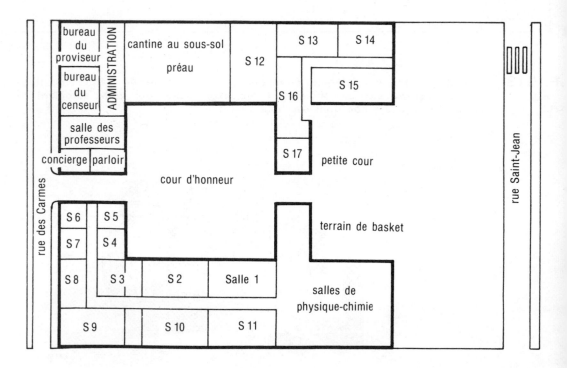

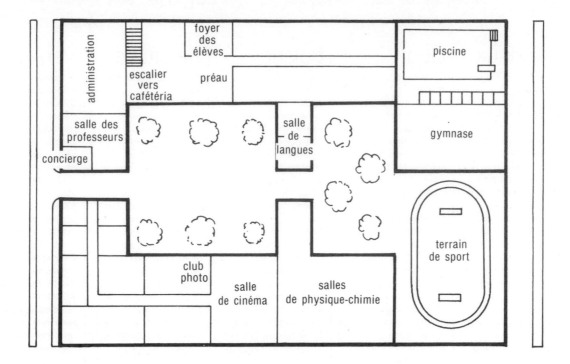

.P. 5/5
***

Vous vous présentez aux élections municipales dans votre district. Rédigez le texte que vous voulez voir paraître sur le dépliant qui sera distribué pendant la campagne électorale. Vous voulez :
- plus d'écoles et de professeurs,
- la construction d'une piscine,
- la rénovation d'un quartier de votre ville,
- empêcher qu'une autoroute coupe la ville en deux,
- un meilleur service de transport en commun,
- la plantation d'arbres,
- un service pour s'occuper des personnes âgées,
- l'ouverture d'une bibliothèque.

VOTEZ : . . . .
. . . .
. . . .
. . . .
. . . .
. . . .
. . . .
. . . .
. . . .

Lisez ces horoscopes et imaginez quelles résolutions vont prendre chacune des personnes concernées. *(Je vais... / Il faut que je... / Pas question de... cette semaine, etc.)*

Gémeaux

(22 mai-21 juin)
MERCURE
CŒUR. *Les astres vous sourient, vous viendrez à bout de vos difficultés en établissant le dialogue et en vous dominant. Rapports utiles avec vos proches. Écoutez les conseils de vos amis. Montrez-vous plus disponibles, acceptez les invitations. Réglez à l'amiable les problèmes familiaux. Détente auprès de la Balance.*
SANTÉ. *Reposez-vous.*
VIE SOCIALE. *Pas d'improvisation ! Vos nombreux engagements exigent beaucoup d'application. A ce prix, vous pourrez surmonter tous les contretemps. Finances ? Pas de spéculations !*
MON CONSEIL. *Cette péridode exige bon sens et logique.*

Lion

(23 juillet - 23 août)
SOLEIL
CŒUR. *Avec un peu de bonne volonté, vous pourrez intensifier vos liens et même prendre des décisions importantes. Evitez toute discussion avec les amis et en société. En famille, vous parviendrez à établir un climat de sérénité. La Balance vous séduit.*
SANTÉ. *Malaises. A soigner sur le champ.*
VIE SOCIALE. *Les objectifs que vous vous êtes fixés exigent beaucoup d'efforts et de temps, mais vos problèmes ne sont pas insurmontables. Petits frais ? Ils ne grèveront pas votre budget.*
MON CONSEIL. *Vous pouvez compter sur vous-même pour venir à bout des difficultés.*

Balance

(24 sept.-23 octobre)
VÉNUS
CŒUR. *Euphorie, romantisme, entente parfait avec l'être cher. Pour quelques Balance, une rencontre qui fait rêver mais qui pourrait être source de complications. Ne négligez pas vos amis. Acceptez les invitations. Détente en famille et avec les Sagittaires.*
SANTÉ. *Bonne.*
VIE SOCIALE. *Changements et améliorations dans vos méthodes de travail d'où résultats satisfaisants. Un peu de confusion peut-être mais vous réagirez avec calme. Rentrées d'argent.*
MON CONSEIL. *Ne vous créez pas de complications par légèreté ou désir de nouveauté.*

Sagittaire

(23 nov.-21 décembre)
JUPITER
CŒUR. *Vos rapports affectifs ont besoin d'être clarifiés une fois pour toutes, sans compromis. Pour quelques Sagittaire, ce sera une solution douloureuse. Pour d'autres, dont les liens sont moins passionnés, le dialogue arrangera bien des choses. Ne négligez pas vos amis. Soyez conciliants en famille. Recherchez la compagnie du Taureau.*
SANTÉ. *Diète et repos.*
VIE SOCIALE. *Vous avez la possibilité d'améliorer votre situation et de vous adapter aux nouvelles circonstances. Finances ? Amélioration.*
MON CONSEIL. *Pas de faux-fuyants mais pas d'agressivité. Ne vous laissez pas aller.*

Verseau

(21 janvier-18 février)
URANUS et SATURNE
CŒUR. *Bonheur pour les amoureux. Ils seront plus affectueux, plus conciliants. Les « encore seuls » feront de nouvelles connaissances. Très utiles, les amis, très agréables, les relations sociales, moins monotone, la vie de famille. Recherchez la compagnie des Gémeaux.*
SANTÉ. *Rien à craindre.*
VIE SOCIALE. *Vous parviendrez à faire le point de la situation et à améliorer vos contacts. Rentrées d'argent.*
MON CONSEIL. *Ne remettez rien à demain, vos obstacles ne sont pas insurmontables, vous pouvez compter sur vous-mêmes et sur votre intuition.*

Elle, Horoscope du 28 janvier 1980

Exemple : Personne née entre le 22 mai et le 21 juin
« Je vais téléphoner à François pour lui parler de mes problèmes. Je suivrai ses conseils, et je parlerai à mes parents. Il faut régler le problème des prochaines vacances. Je les convaincrai de partir avec moi. Pas question de changer nos plans...

Souhait, regret, déception

Complétez les phrases suivantes avec l'expression qui convient.

1 . . . . le match. Il va maintenant falloir remonter le moral à notre équipe.

    a Quel dommage que nous ayons perdu !
    b Il aurait fallu perdre.
    c Nous avons bien failli perdre.
    d Pourquoi n'avons-nous pas perdu ?

2 Savez-vous ce dont ils ont besoin ? . . . .

    a Pourquoi les aider ?
    b J'aurais pu les aider.
    c Je voudrais pouvoir les aider.
    d J'aurais dû les aider.

3 . . . . j'avais beaucoup d'argent, comme je serais heureux !

    a Pourquoi
    b Ce que
    c Si seulement
    d Quand

4 . . . . .n'aurions dû le laisser partir tout seul : il est bien trop jeune.

    a Si seulement
    b Pourquoi
    c Si nous avions su
    d Jamais nous

5 Il pleut et nous ne pourrons jamais aller pique-niquer. . . . .
Qu'allons nous faire de nos invités ?

    a C'est trop bête !
    b C'est bien fait !
    c Si j'avais su
    d La prochaine fois

6 . . . . que nous passions Noël tous ensemble !

    a Si seulement
    b Je voudrais pouvoir
    c J'aimerais tant
    d Pourquoi pas

A.P. 6/2
*

Parmi les expressions suivantes, choisissez celles que vous emploieriez pour exprimer le regret.

a Quel dommage que je n'aie pas acheté ce tapis en solde !
b Si j'avais su, j'aurais acheté ce tapis en solde.
c Si j'achetais ce tapis en solde ?
d Pourquoi n'ai-je pas acheté ce tapis en solde ?
e J'aurais pu acheter ce tapis en solde.
f Pourquoi acheter ce tapis en solde ?
g J'aurais mieux fait d'acheter ce tapis en solde.
h Je regrette de ne pas avoir acheté ce tapis en solde.

Vous avez refusé d'aller à un excellent concert parce que vous attendiez des amis qui ne sont pas venus. Exprimez votre regret de plusieurs manières différentes.

A.P. 6/3
**

Lisez les trois courts dialogues qui suivent et déterminez à chaque fois
- qui sont les personnes qui parlent
- dans quelle situation ils se trouvent
Soulignez toutes les expressions exprimant le regret.

A - Si j'avais su, je n'aurais pas attendu si longtemps.
  - Vous ne pouviez pas savoir qu'il aurait un empêchement.
  - Non, mais j'aurais dû m'en douter ; il est toujours à l'heure d'habitude.

B - Quand je pense qu'on aurait pu aller en Espagne !
  - Il aurait au moins fait beau.
  - Oui, et Patrick qui nous avait invité dans le midi !

C - Si seulement nous avions su que c'était si humide !
    Et que les voisins sont si bruyants...
  - La prochaine fois, nous ferons plus attention.

A.P. 6/4
**

Vous vous trouvez beaucoup trop gros(se) et désirez maigrir. Vous regrettez ce que vous avez fait les années précédentes et qui vous a amené(e) à grossir. Complétez les deux colonnes qui suivent et faites autant de phrases que possible pour exprimer vos regrets et vos désirs.

regrets	désirs
bons repas	faire de la bicyclette
beurre, gâteaux	faire du tennis
apéritifs	se sentir mieux
peu d'exercice	porter des vêtements à la mode
voiture au lieu de marcher	. . . .
. . . .	. . . .
. . . .	. . . .
. . . .	. . . .
. . . .	. . . .
. . . .	. . . .

** **Regardez ce dessin et complétez les débuts de phrases qui suivent en imaginant :**

a L'espoir et les souhaits du mari :

- *Peut-être* . . . .

- *Si seulement* . . . .

- *J'espère bien* . . . .

- *Comme je voudrais* . . . .

- *Qui sait si* . . . .

b La déception et les regrets de sa femme

- *Nous aurions* . . . .

- *Pourquoi* . . . .

- *La prochaine fois* . . . .

- *Je regrette* . . . .

- *Il eut mieux valu* . . . .

Décidez quels rêves font les personnages des dessins ci-dessous et expliquez à chaque fois votre choix en utilisant une des structures suivantes :

Le monsieur . . . . . aimerait . . . . .

voudrait bien . . . . .

rêve de . . . . .

espère pouvoir un jour . . . . .

souhaite . . . . .

A CHACUN SON RÊVE   Rendez son rêve à chacun de ces six personnages.

Imaginez ensuite ce que pense chacun des personnages. Utilisez des expressions traduisant ses espoirs, ses souhaits et ses regrets.

Comment exprimeriez-vous votre déception dans les situations suivantes ?

1 Vous attendez avec impatience la lettre d'un(e) ami(e). Le facteur passe. Il n'y a qu'une facture dans votre boîte aux lettres.

2 Vous avez acheté un dessus de lit dont vous aimez la couleur. En arrivant chez vous, vous vous apercevez qu'il ne va pas du tout avec le reste de la pièce.

3 On vous a recommandé un film soi-disant remarquable. Vous allez le voir et vous vous ennuyez pendant toute la séance.

4 Des amis qui devaient venir passer la soirée avec vous vous téléphonent pour vous dire que leur fils est souffrant et qu'ils ne pourront pas sortir.

5 Votre oncle vous a envoyé un cadeau pour votre anniversaire, et comme vous avez beaucoup parlé devant lui d'un disque que vous aimeriez avoir, vous espérez qu'il s'en est souvenu. Malheureusement, il s'agit d'un disque de jazz, que vous n'aimez pas du tout.

Surprise, peur, inquiétude colère

A.P. 7/1 * **Lisez cette première page d'une lettre et expliquez quelle est la situation** *(qui écrit à qui, pourquoi?...)* **Puis faites la liste des expressions utilisées pour**

exprimer la surprise	exprimer l'inquiétude
....	....
....	....
....	....
....	....

Lundi soir, 11 h.

Cher Jean-Pierre,

Nous avons fait bon voyage et sommes bien arrivés à la maison vers 6 h. du soir. (Il y avait très peu de circulation.) Mais imagine notre surprise en trouvant tout fermé : les portes, la barrière, et même les volets. C'était vraiment curieux car Gérard avait dit qu'il nous attendrait pour dîner. Enfin, nous avons pensé qu'il avait dû s'absenter pour la journée ; j'avais heureusement pris les clés, et nous avons pu rentrer. J'avoue que j'étais vraiment surprise de ne pas trouver de mot de lui à l'intérieur. J'ai regardé partout, mais il n'y a vraiment rien.

Enfin, nous voilà installés et les enfants sont maintenant au lit. Je m'attendais à voir Gérard rentrer d'un moment à l'autre, mais il est 11 heures et il n'est toujours pas là : je ne comprends pas et je commence vraiment à m'inquiéter.

Pourvu qu'il ne soit rien arrivé ! Ce qui me

Complétez les phrases qui suivent avec l'expression qui convient.

1 *(avant un examen)* Je n'ai pas très bien revu le 19e siècle. . . . . une question sur le Second Empire.

    a Pour que nous n'ayons pas
    b Pour que nous ayons
    c Je ne comprends pas que nous n'ayons pas
    d Nous aurons

2 . . . . , tu es déjà de retour ?

    a Si jamais
    b Comment
    c Pourquoi
    d Si seulement

3 . . . . qu'il pleuvrait en Grèce !

    a Quand je pense
    b Je n'arrive pas à croire
    c C'est curieux
    d Si on m'avait dit

4 . . . . , jamais plus je ne te prêterai la voiture.

    a Si tu recommences
    b Quelle surprise
    c La prochaine fois
    d J'ai bien peur que

5 . . . . , je ne partirai pas avec toi : tu n'as qu'à trouver quelqu'un d'autre !

    a Si tu veux
    b Puisque c'est comme ça
    c Si on m'avait dit que
    d C'est étonnant

6 Pierre, ... Je n'en reviens pas !

    a s'il volait de l'argent ?
    b volait de l'argent.
    c voler de l'argent !
    d il ne volait pas d'argent.

Dîtes quelle est, dans chaque cas, l'émotion exprimée.

Ex. : l'inquiétude

A.P. 7/3
**

Les quatre dialogues qui suivent ont certains points communs puisque le sujet de la conversation est à chaque fois un appartement. Ils correspondent cependant à quatre situations bien différentes.

a Lisez ces dialogues et déterminez quelles fonctions principales y sont exprimées.

dialogue 1 : . . . . .   **a** surprise

dialogue 2 : . . . . .   **b** peur

dialogue 3 : . . . . .   **c** inquiétude

dialogue 4 : . . . . .   **d** colère

b Pour chaque dialogue, essayez d'imaginer quelle peut être la situation. (Où ? qui ? pourquoi ?...)

c Soulignez toutes les expressions utilisées pour exprimer la surprise, la peur, l'inquiétude ou la colère.

d Trouvez, chaque fois, une ou plusieurs expressions équivalentes utilisables dans la même situation.

1 - On ferait mieux de quitter l'appartement.
  - Et si on nous voit ?
  - J'ai bien peur qu'il ne soit trop tard de toute façon.
  - Que faire ?

2 - Vous n'allez pas me faire croire que vous voulez maintenant 3 000 F par mois pour ces trois malheureuses pièces !
  - Je vous prierai de ne pas me parler sur ce ton, Monsieur !
  - Quelle insolence !
  - Jamais je ne remettrais les pieds dans cet immeuble.

3 - Ça alors !
  - La maison d'à côté ! Je n'en reviens pas !
  - Quelle coïncidence !
  - Et quand je pense que nous avions peur de passer nos vacances isolés de tout...

4 - Pourvu qu'elle ne soit pas tombée ! A son âge...
  - C'est curieux, on n'entend plus rien...
  - C'était peut-être notre voisin d'à côté ?
  - Non, ça venait d'en haut. Ce n'est pas normal, je vais voir.

A.P. 7/4
**

Complétez la conversation téléphonique suivante en imaginant comment Maryse exprime sa surprise.

- *Allô... Maryse ? C'est Alain !*

- . . . . ! *Je te croyais à Lyon.*

- *Je suis rentré hier... J'ai quitté mon travail à Lyon.*

- . . . . *Et pourquoi ?*

- *Tu ne devineras jamais... J'ai gagné à la loterie !*

- . . . . ! *Beaucoup !*

- *1 000 000. Qu'en penses-tu ?*

- . . . . ! *Et qu'est-ce que tu comptes faire maintenant ?*

- *Sans doute rien pendant un ou deux ans. J'ai envie de voyager.*

- . . . . !

Regardez la photo ci-dessous et imaginez quel peut être le papier que tient le monsieur. S'agit-il d'un mot laissé par quelqu'un, d'une lettre, d'un chèque? Pourquoi a-t-il un tel effet sur le personnel du bureau?
Complétez ensuite les débuts de phrases qui suivent en imaginant comment

le monsieur exprime sa colère :

Quel . . . .

Si jamais . . . .

Il n'a pas intérêt . . . .

Jamais . . . .

Les autres employés expriment leur surprise :

Quelle . . . .

Comment . . . .

Je ne peux pas . . . .

Vous dites que . . . .

A.P. 7/6

**

Comment réagiriez-vous dans les situations suivantes? Faites deux ou trois phrases à chaque fois.

1 En rentrant de vacances, vous trouvez votre maison cambriolée.

2 Votre famille rentre de vacances aujourd'hui. Vous entendez à la radio qu'il fait très mauvais et qu'il y a du verglas sur les routes.

3 Vous êtes parti faire une longue promenade en montagne, seul, et vous vous apercevez que vous êtes perdu. Il est six heures du soir et il fait presque nuit.

4 Il est une heure du matin et vos voisins font beaucoup de bruit. Vous leur avez déjà demandé d'être moins bruyants, mais en vain. Vous montez sonner à leur porte à nouveau.

5 Vous êtes invité chez des amis qui ont un grand château « hanté ». Au milieu de la nuit, vous entendez soudain la porte de votre chambre grincer.

A.P. 7/7

**

Regardez le dessin suivant et imaginez ce que la dame dit à son mari pour exprimer sa colère.

Goûts, préférences, indifférence

.P. 8/1
* **Parmi les phrases qui vous sont proposées, quelles sont celles que vous pourriez utiliser dans les situations suivantes?**

1 On vous donne le choix entre deux dates pour aller à un concert. Elles vous arrangent toutes deux autant.

   a *Cela m'est égal.*
   b *Il vaudrait mieux le 24.*
   c *Le 22 ou le 24, cela se vaut pour moi.*

2 Vous expliquez à un ami qu'il est préférable de voter pour le candidat X plutôt que pour Y.

   a *Crois-moi, il vaut mieux voter pour X.*
   b *J'aime assez Y: je le trouve sérieux, mais X n'est pas mal non plus.*
   c *Il serait préférable d'être représenté par quelqu'un comme X.*

3 On vous offre un livre sur Matisse. Vous dites que vous aimez justement tout particulièrement ce peintre.

   a *J'aime plutôt les impressionnistes.*
   b *Justement je l'adore!*
   c *Quel peintre merveilleux!*

4 Vous expliquez à un ami que vous partez en train car vous n'aimez pas beaucoup la voiture.

   a *Partir en voiture, cela ne me dit rien: j'ai trop peur d'un accident.*
   b *Je déteste la voiture.*
   c *Partir en voiture, cela ne me gêne pas.*

.P. 8/2
* **Voici une des pages du livre d'or placé à la sortie d'une exposition de peinture à Paris de façon à ce que les visiteurs puissent noter leurs impressions en ce qui concerne la présentation de cette exposition.**
Lisez leurs remarques et notez ci-dessous les expressions utilisées pour:

émettre un jugement favorable	émettre un jugement défavorable

Exposition remarquable à tous points de vue

J. Serres.

Très bonne présentation, mais il est dommage que le
catalogue soit aussi sommaire.

AJ Rubienin.

J'ai cherché en vain des indications bibliogra-
phiques dans le catalogue.... par ailleurs
fort clair. C'est dommage.

P Brunet

Très belle exposition, mais certains des
tableaux de la salle 3 auraient gagné
à mieux être mis en valeur. Pourquoi
tant serrer les tableaux sur le mur opposé
à la porte d'entrée.

Cl Berthoud.

Il est regrettable que la presse n'ait pas
plus parlé de cette exposition qui est
en tous points remarquable.

Allen

Exposition très agréable mais les
commentaires et explications sont
vraiment indigents: j'attendais
mieux de ce côté... a. aling

Félicitations !

HdI Royer

Mériterait d'être mieux connue...

P. Lou.

Lisez les trois critiques qui suivent et qui présentent des films qui doivent passer à la télévision. Faites la liste des expressions utilisées pour porter un jugement favorable ou défavorable sur le film.

Les Séquestrés d'Altona

DE VITTORIO DE SICA
Lundi 21 avril
TF 1, 20 h 35

★ *Pour rendre le film commercial, le thème sartrien est banalisé, émasculé. Cela devient un mélodrame dément, confus et prodigieusement ennuyeux. Les acteurs sombrent dans le désastre général. Cette rediffusion n'était pas le meilleur moyen de rendre hommage à l'écrivain disparu.*

Le Monde, 20 avril 1980

Les Misérables

DE JEAN-PAUL LE CHANOIS
Mercredi 9 et jeudi 10 avril
FR 3, 20 h. 30

★ Deux époques, deux soirées, pour une adaptation en couleurs du roman de Victor Hugo, découpé en scènes théâtrales et qui est bien loin d'avoir la grandeur, l'émotion, le lyrisme du film en trois épisodes réalisé par Raymond Bernard en 1934. Jean-Paul Le Chanois a été surtout

Inspiré par l'épisode de l'insurrection de 1832. Le reste est bien pâle. Encore qu'il ne soit pas tout à fait le personnage de Jean Valjean (mais c'est lui qui attire le public), Jean Gabin domine sans peine une distribution qui, elle non plus, ne vaut pas l'ancienne.

Le Monde, 6 avril 1980

Quand l'inspecteur s'emmêle

DE BLAKE EDWARDS
Lundi 7 avril
A 2, 15 h.

★ Suite des aventures de l'inspecteur Clouseau. Bien meilleur que *la Panthère rose,* même si Peter Sellers est toujours aussi cabotin. Un générique en dessins animés étourdissant, une enquête policière dynamitée par l'absurde, une mise en scène nerveuse, survoltée.

Le Monde, 6 avril 1980

Favorable | **Défavorable**

Ecrivez, pour un magazine ou un journal, un court article critique sur un film ou une exposition que vous venez de voir.

Vous écrivez à un(e) ami(e) vos impressions sur un film ou une exposition que vous venez de voir.

A.P. 8/4
*

Une chaîne de supermarchés fait une enquête pour savoir si les ménagères achètent leurs légumes au supermarché ou bien si elles préfèrent aller au marché. Les dix réponses qui suivent sont représentatives de l'ensemble des réponses données. Comment exprimeriez-vous, en pourcentages, les résultats de cette enquête ?

1 Cela dépend des fois. Si j'ai la voiture, j'achète tout au supermarché, sinon je vais au marché.

2 Aller au marché, cela m'énerve : il y a du monde, il faut faire la queue...

3 Cela m'est égal.

4 Ce que j'aime c'est pouvoir choisir, et au supermarché, il n'y a pas toujours le choix.

5 Acheter les primeurs au supermarché, ça ne me dit rien : tout est sous cellophane et on ne se rend pas compte de ce qu'on achète.

6 Je trouve qu'il n'y a pas de différence.

7 Tout est de bien meilleure qualité à mon marché.

8 Il y a peut-être plus de choix au marché, mais je préfère aller au supermarché : c'est moins cher.

9 Je n'aime pas les supermarchés : c'est inhumain.

10 Ne me parlez pas des supermarchés !

En faveur des supermarchés : . . . . . %

En faveur des marchés : . . . . . %

Indifférentes : . . . . . %

Faites la liste des expressions utilisées pour exprimer :

que l'on aime quelque chose	que l'on n'aime pas quelque chose	la préférence	l'indifférence

Imaginez d'autres réponses à l'enquête.

154

Vous travaillez dans une agence matrimoniale et on vous a demandé de préparer un pré-questionnaire destiné à classer vos clients en un certain nombre de catégories. Il figurera sur la publicité ci-contre. Préparez 10 questions qui vous semblent pouvoir permettre de bien juger quels sont les goûts et les intérêts de chaque client.

Célibataires

Vous qui désirez rencontrer le partenaire idéal !

Pour un complément d'information, veuillez nous renvoyer ce questionnaire. Vous recevrez une brochure ainsi que l'analyse de votre personnalité.

Questionnaire

1 . . . .

2 . . . .

3 . . . .

4 . . . .

5 . . . .

6 . . . .

7 . . . .

8 . . . .

9 . . . .

10 . . . .

A.P. 8/6
**

La famille sur le dessin ci-dessous a choisi de pique-niquer en plein milieu d'un champ de blé. Complétez les phrases qui suivent en décrivant le dessin ou en imaginant ce que pensent les personnages.

1 La femme adore . . . .

2 Le mari préfère . . . .

3 Les enfants aiment . . . .

4 Le fermier déteste . . . .

5 Le fermier préférerait . . . .

6 Le fait que le fermier ait sa moisson à faire . . . . la dame.

7 Le mari reste indifférent . . . .

Chacun des personnages exprime ses goûts ou ses préférences.

Ex.: la femme: Comme c'est agréable de déjeuner sur l'herbe!

156

Vous avez décidé d'aller dîner au restaurant avec des amis. Un de vos collègues vous a recommandé la liste ci-dessous. Vous essayez d'y choisir un restaurant d'après les indications données. Jouez la scène à plusieurs, chacun choisissant un restaurant et expliquant pourquoi il aimerait y aller. Les autres pourront discuter en disant ce qui ne leur plaît pas dans la description donnée.

- 1er Arrondissement

SAUDADE - Restaurant portugais - 24, rue des Bourdonnais. Déjeuners d'affaires, dîners dans un cadre raffiné. Ouvert tous les jours jusqu'à 1 h du matin - 236.30.71. Environ 70 F.

- 2e Arrondissement

LE BISTRO DE LA GARE - 38, bd des Italiens, 73, avenue des Champs-Elysées et 59, boulevard du Montparnasse. Les terrines à volonté de Michel OLIVIER. 3 menus aux choix 31,90 F snc. La grande carte des desserts tous les jours jusqu'à 1 h du matin.

- 3e Arrondissement

L'AMBASSADE D'AUVERGNE - 22, rue du Grenier-Saint-Lazare. Tél. 272.31.22. Auberge du Massif-Central au cœur de Paris. Parking illimité face au restaurant.

- 5e Arrondissement

AUBERGE DES DEUX SIGNES - 46, rue Galande - Tél. 325.46.56. Un cadre, un service et une cuisine très raffinés.

LE PUITS AUX DAMES - 40, rue Montagne-Sainte-Geneviève - 633.30.46. Ts les jours jusq. 2 h mat. Spéc. gourmandes vieille tradition.

- 6e Arrondissement

CHEZ HANSI - 3, place du 18-Juin-1940 - 548.96.42 (face tour Montparnasse). Tous les jours jusqu'à 3 h du matin. Cadre exceptionnel. Foie gras, spécialités alsaciennes, huîtres.

O'BRASIL - 10, rue Guénégaud - 354.98.56. Authentique cuisine brésilienne. Déj. d'affaires et dîners. Discothèque. Ambiance carnaval.

- 7e Arrondissement

AU QUAI D'ORSAY - 49, quai d'Orsay. Tél. : 551.58.58 et 705.69.09. Désormais ouvert le samedi.

A.P. 8/8
* * *

Vous voulez regarder la télévision ce soir et vous avez le choix entre trois programmes. Lequel regarderez-vous ? Expliquez pourquoi vous préférez l'un des programmes et pour quelles raisons les autres vous intéressent moins.

22 h 40 — Cinéma

Ciné-première
Une émission
d'**André Halimi**

Films de festival et films grand public : des comédiens et metteurs en scène s'interrogent sur la spécificité du cinéma présent à Cannes. La recherche de talents nouveaux élimine-t-elle les films de large audience ? Existe-t-il des films qui ne sont que des films de festival ? Avec, sous les cieux cannois, Woody Allen, Lauren Bacall, Jean Yanne, Milos Forman, Jane Fonda...

20 h 30 — Film

La Valse des truands
de **Paul Bogart**
avec J. **Garner** et G. **Hunnicutt**

Marlowe, le fameux personnage du privé enquête sur une disparition. Il se trouve rapidement confronté à une hécatombe de cadavres ; une sombre affaire de chantage et de règlements de compte. Gangsters, strip-teaseuse abandonnée, médecin véreux et vedette de télévision encombrent sa route.

interpress

James Garner

20 h 30 — Variétés

Le Grand Echiquier
émission de
Jacques Chancel

En compagnie de Georges Brassens, Raymond Devos, Maxime le Forestier, César... une soirée avec Lino Ventura. De « Touchez pas au grisbi » à « L'Homme en colère », une carrière qui atteint déjà les 25 ans pour ce comédien surnommé par facilité le silencieux, le dur, l'autre Gabin. Nul doute que nous rencontrerons ce soir l'homme sensible derrière son impressionnante réserve.

interpress

Lino Ventura

Le _Figaro Magazine_ du 6 mai 1979

Satisfaction, mécontentement

P. 9/1
Quelques mois après l'élection du candidat pour lequel vous avez voté, vous trouvez qu'il n'a pas rempli ses promesses et vous êtes mécontent. Parmi les phrases suivantes, quelles sont celles que vous pourriez utiliser pour exprimer votre mécontentement ?

1 *Si j'avais su, je n'aurais pas voté pour lui.*

2 *J'attends beaucoup de lui.*

3 *J'attendais mieux de lui.*

4 *Sa politique me déçoit.*

5 *Je n'aurais pas cru cela de lui.*

6 *Ça ne peut pas durer comme ça !*

7 *Ça peut durer longtemps comme ça !*

8 *C'est une honte !*

Vous avez été déçu(e) par un événement (défaite de votre équipe sportive préférée, perte ou vol d'un objet, voyage raté...)
Exprimez votre déception.

P. 9/2
Un magazine spécialisé dans la défense des consommateurs fait une enquête pour savoir si une marchine à laver très perfectionnée, sortie il y a un an, donne satisfaction aux utilisateurs.
Voici quelques-unes des réponses obtenues :

1 *J'en suis tout à fait satisfaite. Jamais mon linge n'a été aussi propre.*

2 *Je n'ai aucun problème avec ma machine. C'est exactement ce que je voulais.*

3 *Je dois dire que je suis un peu déçue : elle fait beaucoup trop de bruit et n'est pas très rapide.*

4 *J'attendais mieux. Je n'arrive pas à m'habituer au bruit qu'elle fait.*

5 *Je ne l'ai pas depuis longtemps, mais j'en suis pour l'instant très contente.*

6 *Si j'en suis contente ? Bien sûr. Mon linge est très bien lavé et n'est pas du tout abîmé.*

7 *Je ne sais pas comment j'ai pu m'en passer auparavant...*

8 *Elle marche très bien. Je ne pouvais pas mieux choisir.*

9 *Peut-être n'ai-je pas eu de chance, mais je ne suis pas du tout satisfaite ; deux fois déjà j'ai dû faire venir un réparateur car elle abîmait le linge. J'en ai assez.*

10 *Je ne regrette pas du tout de l'avoir achetée. Elle est vraiment très pratique.*

a Ces dix réponses sont représentatives de toutes les réponses données par les utilisateurs interrogés. Comment le journal exprimera-t-il en pourcentage les résultats obtenus ?

. . . . .% de satisfaction

. . . . .% de mécontentement

b Relevez les expressions utilisées pour marquer

la satisfaction | le mécontentement

De la même manière exprimez votre satisfaction ou votre mécontentement à propos d'objets ou de vêtements que vous avez achetés récemment.

P. 9/3
**

Imaginez tout ce que cette femme «libérée» peut bien dire pour exprimer son mécontentement. Complétez les phrases ci-dessous:

J'en ai assez . . . .

Je voudrais . . . .

Ce n'est pas . . . .

Ce n'est pas . . . .

Comme . . . .

Je ne comprends pas . . . .

Quand je pense . . . .

. . . .

En utilisant les mêmes débuts de phrases, imaginez maintenant ce que pense le secrétaire.

. . . .

. . . .

. . . .

. . . .

. . . .

J'en ai ras-le-bol... Ah, faire des confitures !..

Vous arrivez à Paris en avion après un long voyage. Malheureusement, tout n'est pas terminé car il vous faut attendre plusieurs heures à l'aéroport. Pour passer le temps, vous remplissez la fiche suivante en indiquant ce que vous avez apprécié et ce qui ne vous a pas satisfait à l'aéroport.
Vous êtes

satisfait	mécontent de
du self service, des boutiques, etc.	de la longue attente pour la vérification des passeports, du peu de sièges libres, de l'erreur faite sur vos bagages, des employés trop pressés pour s'occuper des passagers, de la queue pour les réclamations, etc.

Qu'écririez-vous sur la fiche ?

Ex. : La queue au guichet des passeports est beaucoup trop longue. Il faut attendre des heures pour qu'un employé s'occupe de vous.

AÉROPORTS DE PARIS

Si vous êtes passager(e) de l'une des compagnies qui opèrent dans cet aéroport, nous vous serions obligés de bien vouloir nous donner votre avis sur la qualité des services mis à votre disposition.
A titre indicatif, nous nous permettons de vous suggérer quelques rubriques.

Nom du passager :   Date :
Adresse :   Heure :
Numéro du vol et Compagnie :

Services d'accueil :
Circulation à l'intérieur de l'aéroport :
Facilités d'enregistrement :
Disponibilité de chariots à bagages :
Services de restauration :
Boutiques :
Allure et propreté générale :
Facilités de transport :
Parkings :
Autres remarques :

Le plus grand cas sera fait de vos remarques.

Vous venez de faire un voyage à bord de ce paquebot. Vous écrivez à un(e) ami(e) pour lui raconter votre voyage et lui faire part de votre mécontentement. Utilisez les points mentionnés dans l'article et parlez d'autres aspects de la croisière qui vous ont, ou non, donné satisfaction.

PAS TRÈS RAGOUTANT LE « NORWAY »...

Miami (A.F.P.) — Le Norway, *l'ancien paquebot* France, *qui fut l'un des plus luxueux transatlantiques du monde, semble aujourd'hui ne plus être à la hauteur de sa réputation, si l'on en croit le service américain de la santé publique.*

Les inspecteurs de ce service qui décernent des notes d'hygiène de 0 à 100 l'ont gratifié d'un 8, après une visite au début du mois de juin, à Miami, lors de son voyage inaugural vers les Caraïbes.

Selon des informations publiées le 18 juillet, ils y ont en effet relevé de nombreuses déficiences en matière d'hygiène : ustensiles de cuisine « graisseux », couteaux « sales », « nombreux mégots sur les tables de travail ». *Un des responsables du service sanitaire a même constaté lors de la préparation d'un buffet que* « la mayonnaise était étalée sur les sandwiches avec un pinceau à peinture. Je n'ai trouvé de navires dans cet état que dans deux ou trois cas », *a-t-il affirmé.*

Les services américains ont cependant laissé le navire quitter le port, estimant qu'il n'y avait « pas de danger immédiat pour les passagers », *une seconde inspection ayant montré que les responsables* « faisaient leur possible pour améliorer la situation ».

Le Monde, 21 juillet 1980

Plaintes, protestations

A.P. 10/1
*****

Vous achetez votre vin directement chez un viticulteur à la campagne. Autrefois, ce vin était très bon mais, depuis un an ou deux, vous avez remarqué que sa qualité baisse. Et les dernières bouteilles que vous avez ouvertes étaient même franchement mauvaises. Furieux, vous retournez vous plaindre au viticulteur. Parmi les expressions suivantes, quelles sont celles que vous pourriez utiliser?

a *C'est inadmissible!*
b *Je ne comprends pas que vous vendiez un tel vin!*
c *Si votre vin est bon l'année prochaine, je vous en acheterai.*
d *J'espère bien que vous allez me rembourser.*
e *Si j'avais su ça, jamais je ne vous aurais acheté tant de bouteilles.*
f *Comment osez-vous me vendre un vin pareil?*
g *Comment vendez-vous votre vin?*
h *Je ne suis pas du tout satisfait du vin que vous m'avez vendu.*

De la même manière, vous vous plaignez de la mauvaise qualité d'une exposition ou d'un spectacle.

A.P. 10/2
*****

Comment réagiriez-vous dans les situations suivantes? Choisissez la phrase qui conviendrait.

a **Votre camarade de classe vous a encore pris votre livre sans vous le dire.**

1 Tu ne voudrais tout de même pas que je te prête mes livres!
2 Tu exagères!
3 Vous auriez pu me demander la permission.

b **Votre voisin gare souvent sa voiture devant votre sortie de garage. Vous voulez rester en bons rapports avec lui.**

1 C'est inadmissible!
2 Comment osez-vous garer votre voiture là?
3 Pourriez-vous garer votre voiture ailleurs? C'est vraiment très gênant.

c **Votre patron ne veut pas que vous preniez vos vacances en juin. C'est pourtant le seul mois qui vous arrange.**

1 Quel toupet!
2 Cela m'ennuie beaucoup que vous ne me laissiez pas partir en juin.
3 Vous ne voudriez tout de même pas que je prenne mes vacances en décembre!

164

d Voilà le 5ᵉ soir consécutif que votre femme vous fait des œufs au plat pour dîner.

   1 C'est une honte!
   2 Il est inadmissible que tu serves des œufs cinq soirs de suite.
   3 Encore des œufs au plat!

e Vous trouvez que le professeur vous donne trop de devoirs.

   1 Comment osez-vous nous donner tant de travail?
   2 Je ne vois pas comment on pourrait tout faire!
   3 Quelle honte!

Trouvez d'autres façons de protester dans les situations ci-dessus.
Tenez compte des rapports existant entre les personnes et de leurs intentions.

. 10/3
**

Lisez ces trois courts dialogues.
a Quelle est la situation commune aux trois dialogues?
b Qui sont les personnages dans chacun des dialogues?
c Soulignez toutes les expressions utilisées pour se plaindre.

1 - *C'est une honte!*
  - *Tu l'as dit!*
  - *Mais ça ne se passera pas comme ça... Il faut faire quelque chose...*
  - *Qu'est-ce qu'ils veulent? Qu'on aille manger ailleurs?*

2 - *Puis-je me permettre de vous faire remarquer que les repas laissent beaucoup à désirer en ce moment?*
  - *Vraiment?*
  - *Je crois que le personnel est fort peu satisfait et que...*
  - *Bon. Je vais voir ce qui se passe.*

3 - *C'est vraiment de plus en plus mauvais!*
  - *Je ne comprends pas que le directeur admette cela!*
  - *Croyez-vous qu'on devrait lui faire remarquer?*
  - *Absolument. Et on devrait même arrêter la vente des tickets de repas!*

A.P. 10/4
* *

Complétez les phrases suivantes en imaginant ce que le propriétaire du self-service dira au propriétaire du chien quand il le rencontrera.

a Vous pourriez tout de même . . . .

b C'est . . . .

c Comment . . . .

d La prochaine fois, ...

e On devrait . . . .

f Je compte bien . . . .

g Si vous croyez . . . .

h J'insiste pour que . . . .

Lisez la lettre suivante publiée dans le journal *Le Monde.*

1 Imaginez qu'au lieu de quitter le restaurant, M. Tripier choisisse de se plaindre à la patronne. Que lui dirait-il ? Imaginez ses paroles ou bien jouez la scène entre les deux personnages.

2 En rentrant chez lui, M. Tripier décide de se plaindre à une association de consommateurs. Ecrivez la lettre qu'il leur envoie.

TOURISME

Témoignage

VOUS NE BUVEZ PAS DE VIN, SORTEZ...

M. Patrice Tripier, de Ville-franche - sur - Saône, nous apporte ce témoignage.

Un jour de juillet, je me suis arrêté, avec mon amie, dans un hôtel-pension de Saint-Jean-Cap-Ferrat avec l'intention de prendre le repas de midi. Après nous avoir fait choisir notre menu, notre « hôtesse » nous a demandé ce que nous voulions boire. Comme nous ne buvons pas d'alcool ni l'un ni l'autre, nous avons commandé de l'eau. Et c'est là que, d'un ton coléreux, cette dame nous a répondu : « *Vous ne buvez même pas de vin, je ne vous servirai pas, vous n'avez qu'à sortir !* » Ce que nous avons fait aussitôt, devant tant de bêtise (excusez la dureté, mais je ne trouve pas d'autre mot).

J'ajoute que, par goût, mon amie boit peu de vin, mais qu'en plus elle est Américaine et qu'une telle réaction l'a écœurée et n'a pas rehaussé l'opinion qu'elle peut avoir de la France. Quant à moi, par goût je n'ai aucun penchant pour l'alcool, mais, en outre, pour de sérieuses raisons médicales, j'ai intérêt à ne pas en boire. Je ne vois pas pourquoi je me ruinerais la santé pour renflouer la caisse des bistrots (car là est la question).

Le Monde, 9 août 1980

Comment réagiriez-vous dans les situations suivantes ?

a Vous avez demandé à un artisan de refaire les peintures dans votre appartement. Il se trompe de couleur et insiste pour être payé sans refaire le travail.

b Vous apprenez que votre fils ne pourra plus prendre ses repas à la cantine de son lycée car il n'y a pas assez de places. Vous allez voir le proviseur.

c Vous allez à la mairie pour protester contre un projet de construction de route qui passerait sous vos fenêtres.

d Vous avez loué une maison au bord de la mer pour les vacances : elle est loin de la mer et du village, n'a aucun confort, et ne correspond absolument pas à la description que l'on vous en avait faite. Vous téléphonez aux propriétaires.

e Vous êtes professeur et vous avez dans une de vos classes un élève impossible qui parle sans cesse, ne fait pas son travail et n'est jamais à l'heure. Vous demandez à voir ses parents.

167

Accord, désaccord

A.P. 11/1
*

Lisez les trois dialogues qui suivent.

a Essayez de deviner quelle est la situation commune à ces trois dialogues.

b Imaginez quels peuvent être les interlocuteurs dans chacun des dialogues et quels sont leurs rapports.

A : . . . .

B : . . . .

C : . . . .

c Relevez toutes les expressions utilisées pour exprimer l'accord et le désaccord et classez-les en fonction de leur degré de politesse.

+	accord	désaccord
−		

A - *Tu as vu ça?*
  - *Oui, c'est une honte.*
    Ça oui, alors. Il faut faire quelque chose. Ecrivons une lettre de protestation.
  - *Ah non, c'est la dernière des choses à faire. Ce n'est pas le moment.*

B - *Je suppose que vous avez lu cet article?*
  - *Oui. Je ne comprends pas comment on a pu publier...*
  - *Absolument. Mais dans l'immédiat, ce qui est important c'est de réagir, et vite. Pourriez-vous rédiger une lettre que l'on enverra ce soir au journal?*
  - *Bien sûr, mais ne pensez-vous pas qu'il serait préférable d'attendre quelques jours?*

C - *Quelle honte! Comment ont-ils pu oser écrire cela?*
  - *Je suis bien d'accord. Nous ne pouvons pas laisser passer ça. Si on envoyait une lettre collective?*
  - *Vous croyez? C'est une bonne idée, mais à mon avis, attendons d'avoir quelques réactions.*

Un magazine féminin a récemment publié un article sur le féminisme dans lequel il présentait diverses opinions pour et contre. Voici des extraits de quelques-unes des interviews. Lisez ces opinions et déterminez.

a **Lesquelles sont d'accord avec le mouvement féministe :**

. . . .

b **Lesquelles sont contre :**

. . . .

Relevez ensuite toutes les expressions utilisées pour exprimer :

l'accord	le désaccord

A «Bien sûr, je suis d'accord. Il y a une telle inégalité en France qu'il est nécessaire de faire quelque chose. Il faut changer et les lois et les mentalités, ce qui ne pourra se faire que lorsque les parents cesseront de faire de telles différences entre garçons et filles, dans les vêtements, les jeux... Ce n'est donc pas moi qui serait contre le MLF !

B Le MLF, c'est la seule façon de remettre en cause les bases de notre société, c'est évident. Et il est scandaleux qu'un tel mouvement soit nécessaire au 20e siècle.

C Le MLF ? Non, vraiment, je ne vois pas pourquoi... Les hommes et les femmes sont complémentaires et bien sûr différents. Il me semble stupide de vouloir l'égalité à tout prix. Et qu'avons-nous gagné depuis l'apparition des groupes féministes ? Une plus grande liberté de travail surtout : je ne suis pas sûre que nous soyons gagnantes...

D Je reconnais l'utilité de ces mouvements. Ils ont vraiment permis de rendre les femmes moins passives qu'elles ne l'étaient auparavant. Mais je ne suis pas favorable à tout ce pourquoi ils se battent. A mon avis, il ne faut pas aller trop loin, car nous risquons d'apparaître ridicules...

E Je ne suis certainement pas pour l'égalité des sexes. Non seulement je n'y crois pas mais je ne pense pas que ce serait une bonne chose. Une société dans laquelle hommes et femmes seraient parfaitement égaux, cela ne serait pas drôle...

Exprimez votre accord ou votre désaccord sur la politique suivie en matière d'énergie atomique, sur les moyens mis en œuvre pour combattre le chômage, l'impôt sur la fortune... soit oralement au cours d'une discussion où deux camps s'opposeront, soit par écrit dans une lettre à un journal d'opinion.

Voici les résultats d'un sondage d'opinion effectué récemment en France sur le problème de l'égalité.

1 En face de chacun des points ci-dessous, imaginez un exemple de réponse donnée et la raison invoquée. Utilisez à chaque fois une expression différente pour exprimer l'accord ou le désaccord.

1 Un oui franc et massif à la sélection scolaire.

Question : A propos de l'école, nous avons recueilli les deux opinions suivantes. Avec laquelle des deux êtes-vous le plus d'accord ?

- Il faudrait que les meilleurs élèves soient retardés pour permettre aux moins bons de se maintenir à leur niveau **5**
- Il faudrait que l'on fasse des classes plus ou moins fortes adaptées au niveau des élèves **85**
- Sans opinion **10**

                                    100 %

2 Majorité écrasante pour la hiérarchie dans l'entreprise.

Question : Pensez-vous que dans une entreprise...

... ce serait bien si les différentes fonctions (cadre, employé, ouvrier, etc.) étaient remplies à tour de rôle par les gens **12**
... ce ne serait pas possible car il y a certains postes dans l'entreprise qui demandent plus de qualités et d'intelligence que d'autres **82**
- Sans opinion **6**

                                    100 %

Exemples de réponses

. . . .
. . . .
. . . .
. . . .
. . . .
. . . .
. . . .
. . . .
. . . .
. . . .
. . . .
. . . .
. . . .
. . . .
. . . .

Le Figaro Magazine du 28 octobre 1978

2 Etes-vous d'accord avec l'opinion exprimée par la majorité des Français sur chacun des points ? Dites pourquoi.

P. 11/4
* * *

Comment réagiriez-vous dans les situations suivantes?

Désaccord	Accord
a Votre petit frère veut échanger un de ses jouets sans valeur contre votre montre neuve.	1 Un ami vous propose de partir en vacances avec lui.
. . . .	. . . .
. . . .	. . . .
. . . .	. . . .
b Un de vos collègues de bureau critique le film passé la veille au soir à la télévision et que vous aimez.	2 Votre directeur vous explique qu'il trouve votre bureau trop petit et peu pratique.
. . . .	. . . .
. . . .	. . . .
. . . .	. . . .
. . . .	. . . .
c Votre nouveau collaborateur, que vous connaissez à peine, vous demande votre avis sur les conclusions d'un rapport qu'il a écrit.	3 Votre voisin suggère de faire pousser une haie entre vos deux jardins mitoyens.
. . . .	. . . .
. . . .	. . . .
. . . .	. . . .
. . . .	. . . .

P. 11/5
* * *

Seriez-vous d'accord ou non avec les suggestions suivantes?
Discutez chacun des points.

a Peindre la Tour Eiffel en rose, ou d'une couleur très vive, pour égayer le ciel de Paris.

b Interdire l'utilisation des voitures particulières dans les grandes villes où il y a des transports en commun, de façon à consommer moins d'essence.

c Abolir la peine de mort.

d Rendre l'école obligatoire jusqu'à 18 ans en France au lieu de 16 ans.

e Supprimer les examens et les remplacer par la moyenne des notes de l'année.

A.P. 11/6
***

L'extension de la langue anglaise pose, en beaucoup d'endroits, des problèmes politiques et culturels.

Pensez-vous, comme certains, que ce phénomène soit souhaitable, même si le français et d'autres langues de culture, doivent en souffrir, dans la mesure où il y aura ainsi une langue de communication entre la plupart des pays du monde?

Ou bien, croyez-vous à la nécessité d'une pluralité de points de vue et de cultures pour stimuler l'imagination et préserver les identités nationales?

Discutez en donnant les raisons de votre position.

Approbation, désapprobation

P. 12/1
*

Après avoir lu un article qui vous semble particulièrement intéressant, vous écrivez à votre journal pour approuver ce qui y est dit. Parmi les expressions suivantes, quelles sont celles que vous pourriez utiliser dans votre lettre ?

a Le journaliste n'a pas tort de dire...

b Le journaliste aurait plutôt dû dire que...

c J'ai beaucoup apprécié l'article intitulé...

d C'est avec beaucoup de plaisir que j'ai lu votre article intitulé...

e Il était grand temps que quelqu'un dise ce que le journaliste...

f Enfin un article qui pose vraiment le problème de...

g J'ai été étonné de lire dans votre article que...

h J'ai pris connaissance avec le plus grand intérêt de l'article sur...

i Ce qu'il fallait dire et que vous n'avez pas dit, c'est que...

P. 12/2
*

Lisez ces trois lettres envoyées par des lecteurs du journal *Le Monde* et soulignez toutes les expressions utilisées pour marquer la désapprobation et la critique.

Embouteillage pour une robe

Il y a quelques semaines, j'ai lu, dans un quotidien du Sud-Est, qu'une femme qui avait provoqué «*un gigantesque embouteillage en parquant sa voiture en deuxième position dans une rue étroite*» n'avait pas été condamnée. Il faut préciser qu'elle n'allait ni chez le médecin pour une urgence, ni chercher son enfant dans une garderie..., elle allait acheter une robe !

Quand la police est venue pour libérer la chaussée de cet encombrant véhicule, cette femme est vite sortie (... à peine habillée, précisait le journal) du magasin et s'est assise sur le cric que la police installait.

Ce pourrait être un fait divers — pas tellement amusant d'ailleurs, — mais c'est beaucoup plus. Le journal ajoutait en effet que «*la foule a pris le parti de la femme, lui a apporté des mouchoirs et des boissons fraîches*» pendant tout ce numéro de cirque. Et le tribunal a estimé que cette femme — qui n'avait injurié personne — n'était pas coupable.

Quel laxisme de la part du tribunal et quelle polichinellerie de la part de la foule ! Et pourquoi les automobilistes coincés derrière cette voiture n'ont-ils pas réagi à l'opposé et encouragé la police à évacuer vite ce véhicule ?

Je n'ai rien à voir avec la police : je pense seulement qu'elle est nécessaire dans toute démocratie pour éviter que les personnes inconscientes et égoïstes ne considèrent que leur droit de vivre est absolu et sans contrainte.

N'y aurait-il pas, dans l'attitude de cette femme et de la foule, l'affirmation que seuls les actes contre la loi deviennent le nouveau mode de vie ?

MARC PELLEGRIN
(Toulouse).

Le Monde, 28 septembre 1980

Sport et politique

Je ne partage pas le point de vue de M. Frédéric Gaussen à propos des Jeux olympiques (« le Monde Dimanche » du 2 mars).

Leur boycottage me paraît une agression contre les athlètes. Personne n'a le droit de détruire un rêve, de briser l'espoir d'une vie.

Quant aux tambours et drapeaux : les Jeux olympiques sont une fête de la jeunesse, de la santé, de l'effort, de la fraternité : il n'y aura jamais pour elle assez de fanions, de fastes et de fanfares.

Ils sont mieux là qu'à célébrer les malheurs et les massacres passés ou à venir.

LOUIS PLANE
(Toulouse).

Le Monde, 28 mars 1980

Tabac

Je vous écris au sujet du problème des jeunes et du tabac.

En effet, effectuant actuellement mon service national, je constate un phénomène plus qu'aberrant. Alors que le ministère de la santé avait développé une lutte féroce contre la consommation abusive de tabac, je constate que des cigarettes à prix très réduit (55 centimes le paquet) sont proposées aux appelés du contingent.

Ceci est totalement anormal et s'oppose aux finalités qui doivent être celles du service national. Une telle pratique devrait à mon avis être immédiatement suspendue.

A moins que cela ne rapporte pas mal d'argent à l'Etat, en faisant des jeunes recrues de futurs consommateurs potentiels ? Auquel cas, il ne reste aucun espoir.

Le Monde, 29 octobre 1980

A.P. 12/3
**   Le mari, sur le dessin ci-dessous n'approuve sans doute pas les dépenses faites par sa femme et sa fille. Complétez les phrases qui suivent en imaginant ce qu'il peut leur dire.

- Vous auriez pu . . . .
- Combien de fois . . . .
- Tu sais que . . . .
- Ne te plains pas si . . . .
- Comment veux-tu . . . .
- Je ne comprends pas . . . .
- Vous n'aviez tout de même pas besoin . . . .

. 12/4
**
Voici un certain nombre d'opinions pour ou contre l'énergie nucléaire. Elles sont extraites d'une enquête récemment publiée par un magazine.

a Décidez quelles opinions sont en faveur du nucléaire et lesquelles sont contre.

b Complétez ces opinions en imaginant comment les différentes personnes expriment leur approbation ou leur désapprobation.

	Pour	Contre
Anne nous écrit : Si nous voulons continuer à vivre comme nous le faisons, ...	☐	☐
Florence, 16 ans, nous écrit : Le nucléaire, ... car le pétrole augmente en prix et diminue en quantité. Peut-être qu'en ce qui nous concerne, nous pourrons nous en sortir sans le nucléaire, mais les générations qui suivent, il ne faut pas les oublier !	☐	☐
Monique se demande : La catastrophe de Harrisburg n'a-t-elle pas été assez grave	☐	☐
Fabienne nous écrit : ...... le nucléaire, tant qu'on n'aura pas résolu le problème des déchets radio-actifs.	☐	☐
Sylvie qui habite à la Hague, près de l'usine de retraitement des déchets radio-actifs, nous écrit : Nous avons l'impression que la France est prise pour une poubelle... On décide de notre avenir sans tenir compte de notre avis. Accepter le nucléaire, ...	☐	☐
Claudine, quant à elle, écrit : C'est un phénomène monstrueux... Un argument incontestable : ...... Avec le nucléaire, ...	☐	☐
Annick ajoute : Autant revenir à l'homme des cavernes.	☐	☐
Annie, 15 ans : ...... énergie, travail et argent, ce dont, il me semble, le monde a bien besoin maintenant.	☐	☐

175

A.P. 12/5
***

Voici un certain nombre de projets qui ont été envisagés récemment. Qu'en pensez-vous ? Expliquez pour quelles raisons vous les approuvez ou non.

    a Permettre l'euthanasie pour les personnes atteintes d'une maladie mortelle et qui souffrent beaucoup.

    b Essayer de produire des enfants sur-doués, dont les parents ne seraient que des prix Nobel.

    c Interdire les jeux de chance comme le loto ou le tiercé.

    d Permettre le mariage dès 16 ans sans l'autorisation des parents.

A.P. 12/6
**

Imaginez ce que disent les parents de cette jeune fille lorsqu'ils sont seuls.

Permission, obligation

Comment réagiriez-vous dans les situations suivantes? Choisissez la phrase qui convient parmi celles qui vous sont proposées.

a Vous êtes vendeuse dans un magasin de vêtements. Une jeune femme veut acheter la veste d'un ensemble.

1 *Interdiction d'acheter la veste seule.*

2 *C'est un ensemble. Vous ne pouvez pas acheter la veste sans la jupe qui va avec.*

3 *Vous n'avez pas le droit d'acheter cette veste toute seule.*

b Vous êtes chez un ami. Vous avez envie de fumer.

1 *Ça ne t'ennuie pas que je fume?*

2 *Est-il permis de fumer dans votre appartement?*

3 *Je pourrais fumer?*

c Vous rencontrez un ami dans la rue mais vous êtes pressé car vous devez passer à la banque avant qu'elle ferme.

1 *Veuillez m'excuser. Il est obligatoire d'aller à la banque.*

2 *Je suis pressé. Il faut passer à la banque.*

3 *Excuse-moi. Il faut que je passe à la banque.*

d Vous êtes bibliothécaire. Trop de lecteurs ne rapportent pas leurs livres à temps et vous inscrivez en gros caractères sur votre bureau :

1 *Les livres doivent absolument être retournés dans les dix jours qui suivent leur emprunt.*

2 *Interdiction de rapporter les livres plus de dix jours après leur emprunt.*

3 *Il est conseillé de rapporter les livres le plus vite possible.*

e Une jeune fille vient garder vos enfants pendant que vous sortez. Avant que vous partiez, elle vous demande la permission de regarder la télévision.

1 *Il est permis de regarder la télévision dans l'appartement.*

2 *Ne pas regarder la télévision après 10 heures.*

3 *Vous pouvez bien sûr regarder la télévision si vous le désirez.*

A.P. 13/2
**

Le chien sur le dessin ci-dessous a de toute évidence été fort mal élevé. Imaginez tout ce qu'on lui a laissé faire depuis qu'il était tout petit...

Ils le laissent . . . .

Il a le droit de . . . .

Il peut . . . .

Il n'est pas obligé de . . . .

On ne lui interdit pas de . . . .

On lui a toujours permis de . . . .

A.P. 13/3
*

Voici un extrait du règlement d'un lycée français :

II. ORGANISATION SCOLAIRE

Feuille d'appel et cahier de textes

La feuille d'appel, journalière doit être signée par le professeur à chacun de ses cours. Elle est rapportée chaque soir au bureau des absences (au CPE) ainsi que le cahier de textes de la classe dont la mise à jour est effectuée par le professeur ou un élève responsable. Sur ce cahier doivent être consignés les travaux effectués en classe ; les textes donnés aux élèves doivent figurer in extenso (textes de dissertation, énoncé des problèmes, des contrôles...)

Retard des élèves

Pour un retard peu important, moins de 15 minutes, et occasionnel le professeur peut accepter l'élève à son cours. En cas de retard répété ou trop important et non justifié, l'élève ne sera pas admis au cours.
En tout état de cause, le professeur indiquera le retard et la durée du retard sur la feuille d'appel.

a Lisez ce texte et relevez toutes les expressions marquant :

l'obligation	la permission	l'interdiction

b Quel temps suffit, dans certaines des phrases, à marquer l'obligation ou l'interdiction ?

. . . .

c Ecrivez un paragraphe expliquant le règlement de votre propre école.

178

Les dessins qui suivent représentent des panneaux réels ou imaginaires correspondant à un certain nombre d'obligations ou d'interdictions courantes en ville ou dans les lieux publics. Ecrivez une phrase pour expliquer chacun de ces panneaux.

Voici les formalités à accomplir après la naissance d'un enfant :

1. LA DECLARATION DE NAISSANCE

La déclaration est obligatoire et doit se faire dans les trois jours ouvrables qui suivent le jour de la naissance.

Vous devez vous adresser :
à la mairie du lieu d'accouchement.

Formalités :
Elles peuvent être accomplies par toute personne ayant assisté à l'accouchement.

Les pièces à fournir sont :
— le livret de famille,
— le certificat établi par le médecin ou la sage-femme.

Cas particulier :

Enfant né d'une femme non mariée :
Il porte le nom de celui des parents qui l'a reconnu le premier ; en cas de "reconnaissances" simultanées, il porte le nom du père (la reconnaissance d'un enfant peut être faite par déclaration à l'officier d'état-civil).

a) **Pour que l'enfant porte le nom de sa mère, la personne qui le déclare doit présenter :**
  — la carte nationale d'identité de la mère,
  — le certificat établi par le médecin ou la sage-femme,
  — éventuellement, copie de l'acte de reconnaissance anticipée faite par la mère, avant la naissance, dans n'importe quelle mairie (sur présentation de sa carte nationale d'identité et de son carnet de maternité).
  N.B.— Si la mère n'a pas fait de "reconnaissance anticipée", elle doit se présenter à la mairie où l'enfant a été déclaré afin de le reconnaître.

b) **Pour que l'enfant porte le nom de son père, la personne qui le déclare doit présenter :**
  — la carte nationale d'identité du père,
  — la carte nationale d'identité de la mère,
  — le certificat établi par le médecin ou la sage-femme.

(Vivre dans les Hauts de Seine)

a Lisez le texte et soulignez toutes les expressions utilisées pour exprimer l'obligation.

b Voici maintenant la liste des conditions nécessaires pour se marier et des formalités à accomplir. Comment l'expliqueriez vous à quelqu'un qui vous demande des renseignements ? Variez autant que possible les expressions marquant l'obligation.

- âge : 18 ans *(hommes)*
  15 ans *(femmes)*
aucun lien de proche parenté ou d'alliance avec le futur conjoint
femmes divorcées : attendre 300 jours minimum.
s'adresser à la mairie *(uniquement celle du domicile de l'un des conjoints)*.
voir pièces à remplir à la Mairie
fixer date du mariage.
visite médicale prénuptiale un mois avant la date du mariage
faire publier les bans à la mairie.

. 13/6 Ecrivez le règlement imaginaire de l'école de vos rêves.

** *Ex.: Aucun professeur ne pourra obliger un élève à rendre un devoir...*

. 13/7 Il y a quelques années, un magazine anglais, le «New Statesman» avait organisé un
*** concours dont le thème était le suivant:

«Vous décrivez à un étranger qui n'est jamais venu en Grande Bretagne comment on y vit,
et vous faites exprès de lui décrire des habitudes farfelues et totalement fausses afin de
l'induire en erreur.»

Un des participants avait, par exemple, écrit: En Angleterre, il ne faut jamais donner de
pourboire aux chauffeurs de taxi... / l'étage supérieur des autobus est exclusivement
réservé aux femmes...

Imaginez qu'un tel concours ait lieu en France. Vous envoyez huit suggestions.

1 . . . .

2 . . . .

3 . . . .

4 . . . .

5 . . . .

6 . . . .

6 . . . .

7 . . . .

8 . . . .

Degrés de probabilité

Parmi les phrases qui vous sont proposées, choisissez celle(s) qui permet(tent) d'exprimer ce que vous voulez dire.

1 Vous pensez qu'il va peut-être pleuvoir.

   a Cela m'étonnerait qu'il pleuve.

   b Cela ne m'étonnerait pas qu'il pleuve.

   c Il ne fait aucun doute qu'il va pleuvoir.

   d Il se peut qu'il pleuve.

   e Il pourrait pleuvoir

2 Votre ami, qui attendait les résultats d'un examen, ne vous a pas téléphoné : vous êtes presque certain qu'il a échoué.

   a Il a dû échouer.

   b Il est impossible qu'il ait échoué.

   c On dirait qu'il a échoué.

   d Il doit avoir échoué.

   e Il a sans aucun doute échoué.

3 Vous pensez à vos parents, partis ce matin en avion pour la France. Ils doivent arriver à 18 h. Il est 17 h.

   a Ils ne vont pas tarder à arriver.

   b Cela m'étonnerait qu'ils arrivent bientôt.

   c Ils devraient bientôt arriver.

   d Il se pourrait qu'ils arrivent bientôt.

   e Je suppose qu'ils seront bientôt arrivés.

Quelles sont les formes employées pour indiquer la probabilité, du doute à la certitude ?

Complétez la lettre suivante avec les expressions qui vous semblent convenir pour exprimer le doute, la certitude ou la possibilité.

Saumur le 10.10.82

Ma chère tante,

Nous vous attendons tous avec impatience à la fin de la semaine comme convenu. J'espère que vous n'aurez pas de problème avec votre train : j'ai entendu ce matin à la radio qu'il . . . . retards à cause de la grève.

Je ne pourrai pas aller vous chercher à la gare mais Alain . . . . ; c'est du moins ce qu'il m'a promis ce matin. Michèle . . . . rejoindre dimanche soir mais elle n'est pas encore tout à fait sûre de pouvoir se libérer lundi. Je sais que vous serez . . . . heureuse de la revoir.

Oui, il y a un service que vous pourriez me rendre si vous allez à Paris avant samedi (mais n'y allez surtout pas exprès!) Je cherche un livre intitulé lire le journal. Je ne me souviens malheureusement pas du nom de l'auteur, mais . . . . que c'est Agret (Agnès?). Je . . . . dans les 50 F mais je n'en suis pas sûre. Je n'ai même pas cherché ici, mais . . . . de trouver un livre spécialisé à Saumur!

J'espère que nous aurons beau temps ce week-end ; malheureusement si j'en crois la radio . . . . de la pluie (à ce propos nous avons décidé d'aller en Espagne en juillet car . . . . chaud, et nous ne voulons pas passer nos vacances à grelotter comme l'été dernier.

Regardez ces dessins et faites des suppositions, en essayant de deviner ce qu'ils peuvent représenter.

Ex.: C'est peut-être...
Je crois qu'il s'agit...
On dirait...
Je me demande si ce n'est pas...
Ce doit être...
etc.

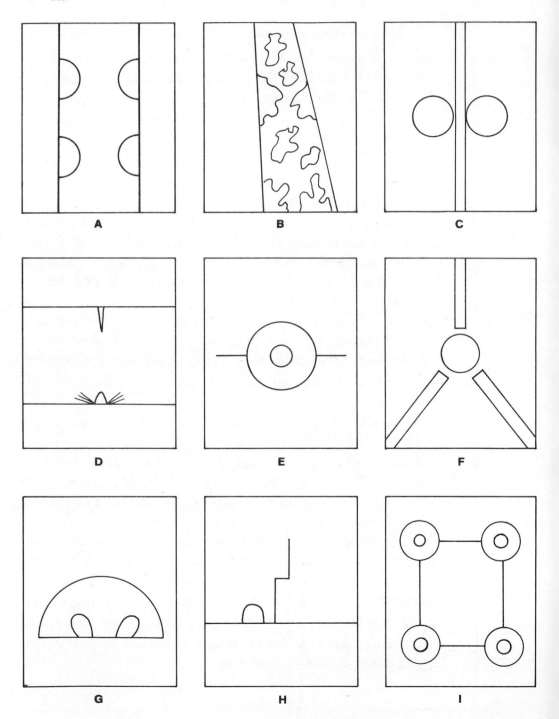

14/4 La police est appelée dans un pavillon de banlieue qui vient d'être cambriolé. Voici ce que
★★★ le commissaire constate ou apprend :

- des traces de roues de voiture dans l'allée du jardin
- aucune empreinte digitale
- une fenêtre cassée au rez-de-chaussée / la serrure de la porte d'entrée brisée
- les propriétaires qui s'absentent très rarement étaient allés dîner chez des amis ce soir-là
- le chien (un bon chien de garde) dormait paisiblement.
- seul le bureau a été fouillé. Aucune trace de passage dans les autres pièces contenant
  pourtant des bijoux et de l'argenterie.
- le coffre-fort n'a pas même été touché
- le propriétaire dit qu'il n'y avait rien de précieux dans son bureau.

Quelles conclusions pouvez-vous tirer de tous ces faits ?
Utilisez les structures suivantes :

Ils . . . . . peut-être / sûrement . . . . .

Je suppose que . . . . .

On dirait que . . . . .

Ils ont dû . . . . .

Il ne fait aucun doute que . . . . .

Il y a de fortes chances pour que . . . . .

14/5 Regardez le dessin ci-dessous et essayez d'imaginer ce qui a dû se passer.
★★★ *Ex.: Le monsieur a dû . . . . . . Peut-être a-t-il . . . . . Il a sans doute . . . . . etc.*

A.P. 14/6
***

Faites autant de suppositions que possible concernant les changements qui se seront produits dans notre vie quotidienne d'ici vingt ans. Pensez particulièrement aux domaines suivants :

- éducation
- téléphone
- cuisine
- logement
- voitures / moyens de transport
- télévision / techniques audio-visuelles
- médecine
- population

Dites bien à chaque fois s'il s'agit, à votre avis, d'une simple possibilité ou bien si c'est quelque chose dont vous êtes tout à fait sûr.

Capacité, possibilité

a Lisez ce texte publicitaire et soulignez les expressions utilisées pour exprimer la capacité.

Le magnétoscope de salon Continental Edison.

...Il enregistre quand vous êtes absent. L'horloge électronique programme à la minute près et jusqu'à 8 jours à l'avance, la mise en marche et l'arrêt du magnétoscope. Et le compteur à mémoire vous permet de retrouver exactement le début de l'enregistrement.

Mais vous pouvez aussi :
- enregistrer quand la télévision est éteinte.
- enregistrer une chaîne pendant que vous regardez l'autre.
- enregistrer ce que vous regardez.

La vidéo portable Continental Edison.

La caméra et le magnétoscope portables Continental Edison, c'est la révolution dans les loisirs filmés. Qualité du procédé VHS, légèreté, maniabilité, robustesse tout y est pour l'enregistrement et la lecture.

L'alimentation s'effectue par batterie, avec 60 minutes d'autonomie ou deux heures avec une batterie de rechange.

Magnétoscope en bandoulière, caméra sur l'épaule, vous pouvez être chasseur d'images, grand reporter ou parent attendri. Avec la possibilité de revoir ce que vous venez de « mettre en boîte », et par conséquent, de « refaire » si vous n'êtes pas satisfait.

---

b Complétez cette publicité en écrivant un court texte expliquant les possibilités de la vidéo portable et du magnétoscope et illustrant les dessins ci-dessous.

Vidéo :

Magnétoscope :

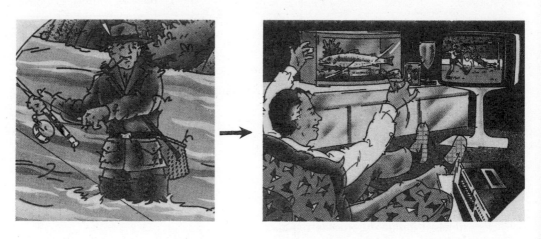

Extrait d'une publicité Continental Edison

Complétez les phrases suivantes en imaginant tout ce que ce chien sait faire.

Il peut . . . .

Il sait *(comment)* . . . .

Il arrive . . . .

Il réussit . . . .

Il est capable . . . .

Il n'a aucune difficulté . . . .

Il . . . . bien.

Attention aux prépositions, *(à ou de)* **qui suivent certains des verbes et des expressions.**

A quel âge un enfant est-il capable de faire les choses suivantes ? Associez un âge à chaque « stade » et faites une phrase à chaque fois en utilisant au moins quatre expressions différentes pour exprimer la capacité.

- lire
- parler sans difficulté
- compter
- dire papa comme maman
- marcher
- se traîner par terre
- manger tout seul

A.P. 15/4
**

Associez un élément de chaque colonne de façon à obtenir quatre phrases correctes.
Utilisez autant d'expressions que possible pour exprimer la capacité.

Ex.: *En . . . . . , ... arriva à . . . . . , ce qui permit . . . . .*
parvint à . . . . . rendit possible...
put enfin . . . . .
réussit à . . . . .

avant 2e guerre mondiale	Edison	traversée sans escale de l'Atlantique	radiothérapie
1898	Lindbergh	radium	bombe atomique
1879	Pierre et Marie Curie	lampe à incandescence	vols transatlantiques réguliers
1927	Einstein	fission de l'uranium	électricité

Faites d'autres phrases sur le même modèle pour décrire des découvertes réalisées dans votre pays.

A.P. 15/5
***

Vous voulez engager une nouvelle secrétaire / assistante et vous en interviewez plusieurs.
Quelles questions leur poseriez-vous ? Imaginez l'entrevue.

Voici tout ce que vous voulez qu'elle puisse faire :

sténographie
taper à la machine
parler anglais couramment
téléphoner à l'étranger
comprendre l'espagnol
s'occuper de l'organisation de stages
comprendre des textes juridiques
travail fatigant - jusque parfois très tard le soir

Vous cherchez à vous faire engager dans un cirque comme clown ou acrobate. Vous expliquez au directeur tout ce que vous savez faire.

P. 15/6

* * *

Vous avez mis au point un robot très perfectionné. Ecrivez un texte publicitaire pour accompagner le dessin suivant. Vous insistez sur tout ce que le robot peut faire et donnez des exemples précis.

pour la cuisine...

1

pour le bureau...

2

pour vos enfants...

3

quand vous partez en vacances...

4

Table des illustrations

Les textes de la page 128 :
A et E sont de *Elle*, 7 mars 1980.
B, C, D, F, © Daniel Gray, *Nous Deux*, 1980.

Achevé d'imprimer par Pollina, 85400 Luçon - n° 10611
Dépôt légal n° 10924 - octobre 1988